From Behind the Stacks Of The Library of Time: Selected Writings

Seid "Kadia" ef. Karić
Magribine Press, Chicago

Published by the Magribine Press
5333 W. Rosedale Ave.
Chicago, IL 60646-6539
Send all Correspondence Attn: Muhammed al-Ahari
© 2018 Magribine Press

Catalouging Data:
Author(s): Seid Kadia Karić (1916-1985), Muhammed A. Al-Ahari (1965- still living)
Title: *From Behind the Stacks of the Library of Time:*
Sub Title: Selected Writings of Seid ef. Kadia Karić
Publisher: Magribine Press, Chicago © 2018
Call Number: PG1417.B6 K1
Subject(s): Bosnian Cyrillic history
       Articles from Bosnian and Bosnian-American periodicals –
         Book reviews
       Articles on the Bosnian-American Muslim community
       Obituaries of Seid ef. Kadia Karić
ISBN-13: 978-1725988392
ISBN-10: 1725988399

Table of contents

---

[1] A Bibliography of writings of Ante Kadić prepared by Seid Karić and his booklet on *Sevdalinka* are not reprinted herein. If the *Sevdalinka* text is located, it will be reprinted in a revised edition.

[2] Any of these texts located after the printing of this volume will be included in a second edition along with other articles, letters, and unpublished writings of Seid ef. Karić. The

Sixteenth and Seventeenth Century Ottoman & Venetian Diplomatic Correspondence Written in Bosančica Script:

---

current project is for the second edition to be three volumes: 1) journalistic writings and letters of Seid Karić, 2) complete text of his Doctoral Dissertation, and 3) full color reprints of all *Bosančica* texts from thesis.

[3] The translated letters form pages 144-163 of Karić's thesis.

Dedication and Appreciations

This project is dedicated to the memory of Seid *Effendi* "Kadia" Karić and to other early Bosnian Diaspora community builders and pioneers.

This project was completed with the assistance from: my wife Indira Islamović Al-Ahari; Haris Hojkurić of Sarajevo; Dr. Elvira Islamović of Bihać, Bosnia; Imam Adnan Balihodžić of Zenica, Sarajevo, Toronto, and Chicago; and Ilhelma Duro of Chicago. Haris is a native Bosnian that came to Chicago during the Bosnian conflict of the early 1990s and received an MBA degree in Finance from DeVry University, but never forgot his country's language, literature, or customs and gladly aided in this project. Elvira is my wife's nephew Samir's wife and helped me to contact Šaćir Filandra, the editor of Sarajevo's *Preperod* newspaper, and to find information on the Bosnian language and its various scripts. Imam Adnan Balihodžić translated several articles on Bosnian Cyrillic written in the Cyrillic script and had extensive discussions with me about Bosnian history, identity, and Islamic education. Ilhema Duro translated an article on Bosnian Cyrillic diplomatic correspondence in Dalmatia, written in the German language, into English for me. Finally, I must thank Hajra Karić for access to her husband's thesis.

Figure 1: Seid ef. "Kadia" Karić's passport photo

A Biographic Sketch of Seid ef. Karić
Muhammed al-Ahari

Seid ef. Karić, known as "Kadia" to his friends, was born in Gornja Tuzla on September 1, 1916 to Ibrahim and Hafa Karić. A graduate of Gazi Husref Beg Madressa, Islamic education and history were always in the forefront of his mind. In 1940, he received a B.A. in Islamic Studies from the College of Islamic Shariat in Sarajevo, Bosnia.[4] That college was closed by the Communist government of the former Yugoslavia following World War Two. A College for Islamic Studies was only able to reopen in 1977, and this new institution joined the University of Sarajevo in 2005.

During World War Two, Seid Karić was part of a forced mobilization of Bosnians who served in the Croatian Army when Bosnia was occupied by the Nazi sympathetic Croatian Fascist State (NDH). He was held as a prisoner of war in the Ukraine for five years. This interrupted his studies. Upon his release, Karić went to Hungary and then to Austria. While in Austria, he enrolled in classes in philosophy, language, and religion at the University of Vienna.

In 1951, Karić immigrated to the United States.

---

[4] Kasim Handžić, "Viša Islamska Šeriatsko-Teološka Škola u Sarajevu" (pp. 139-159) is one of the most detailed studies of the institution. The article includes a list of students from 1935-1945 with a detailing of their activities after graduation, as well as professors and curriculum. The original of the article is held in the Ğazi Husref Beg Biblioteka in Sarajevo.

Karić was also recognized as being one of four individuals qualified as a *Qadi* (Islamic judge) among the Bosnian Diaspora. The others were Dr. Mehmed Maslić, Ishak ef. Imamović, and Haris Korkut. See Šaćir Filandra and Enes Karić *The Bosniac Idea* (Nakladni Globus, Zagreb, 2004) for more details.

In 1955, he served as 2nd Chairman for the Society of Bosnian-Hercegovian and Sandžak Muslim Croats headquartered in England which published the journals *Svijest* and *Islam*. *Svijest* covered events in the larger Bosnian Diaspora and supported the idea that Bosnians were of Croatian ethnic origin. The organization published over 60 issues of *Svijest* before it folds in the late-1960s. Today few individuals support the idea of a Greater Croatia, with Bosnia as a component, outside the Bosnian Diaspora, especially after the horrors of the Bosnian War for Independence.[5]

Karić earned his master's in business administration in 1956 from Northwestern University in Evanston, Illinois and a master's in library science from the University of Indiana in Bloomington in 1963. As a founding member of the Bosnian American Cultural Association (BACA) and the Islamic Cultural Center of Greater Chicago and a member of the American Oriental Society, he always presented a thoughtful reflective role model for Muslim youth.

While less prolific a writer than some other exiled Bosnian intellectuals, his writings have left a lasting impact. Most of his articles were for Croatian-American newspapers such as *Ameriskom Hrvatski Glas*[6], *Danica*[7], *Hrvatski Glas*, and *Glasnik* —

---

[5] See Šaćir Filandra and Enes Karić (2004), *The Bosniac Idea*, Zagreb: Nakladni Globus, chapter IV on Croatian National and Political Leanings for more details.

[6] A book review for Smail Balić's *Etničko naličje bosansko-hercegovačkih muslimana* (Beč, 1952, 64 pages) was published in the January 28, 1953 issue of *Američkom Hrvatskom Glasniku*. The October 4, 1954 issue of *Američkom Hrvatskom Glasniku* had a review of Smail Balić's *Islam — Njegova nauka i njegov značaj* (Beč, 1954, 48 pages). The later was listed, incorrectly, as being in *Američkom Glasu* in the August 15, 1961 issue of *Bosanski Pogledi*. There are probably

Muslimanskog Vjerskog i Kulturnog Doma (where he was the editor and a frequent contributor) and covered the current events of the small Bosnian American community. His non-journalistic writings include a twelve-page pamphlet about the opening of the Bosnian Mosque in Chicago and school[8] in 1955, a pamphlet on *Sevdalinka* (Bosnian folk songs), a bibliography of Ante Kadić's[9] writings, and his thesis on *Bosančica*. Most of the articles are included here in translation and the Bosnian originals. The introduction and a selection from his thesis fill out this work.

After receiving his master's in library science, he worked as a cataloguer of Slavic languages and as a librarian at the University of Indiana in Bloomington,

---

other articles in other Croatian and Bosnian Diaspora periodicals, but these are the only ones that I have found bibliographic reference for.

[7] I haven't found any of his articles in *Danica*, but the articles on Dr. Đzafar Kulenović, Helen Dilić, the opening of the Halsted Street *Jami*, and other events pertaining to the nascent Bosnian-American community were likely based on press releases sent by Seid Karić and other early Bosnian-American leaders.

[8] This center was to later become the Islamic Cultural Center of Greater Chicago in Northbrook, IL.

[9] Kadić, Ante. *Domovinska riječ: književno-povijesnariječ: književno-povijesni ogledi* Munchen-Barcelona: Knjižnica Hrvatske revije, 1978. The bibliography of Ante Kadić's writings as compiled by Seid Karić is on pages 317-326.

He also aided Robert F. Byrnes and others in making sure that bibliographies in various Slavic languages were accurately done in works on the Balkans. A notable example is *Communal families in the Balkans: The Zadruga – Essays by Philip E. Mosley and Essays in his honor*. Robert F. Byrnes, editor. University of Notre Dame, Indiana, 1976. See p. xiv, "...Theodore B. Ibanus, Ante Kadić, and Seid Karić all made certain that all citations in languages other English were absolutely correct."

Indiana until his death on March 13, 1985. While working there as a cataloguer, he finished all his coursework for a Doctorate in Turkish Studies, and he had written the complete first draft of his Dissertation.

Seid Karić and his wife Hajra were married on August 27, 1964. She and their children, son Ismet and daughter Esma, survived him. The manuscript of his Dissertation and personal library were carefully preserved by his wife, as were memories of him helping to raise their children as Americans proud of their Bosnian heritage and Islamic faith and fully prepared to participate in the larger American society. Seid Karić's community in Chicago continues to honor his memory. Its continuing growth and success are a testament to the leadership, arduous work and intellectual striving of Kadia and his peers.

Riječ-dvije od Kadiji Seidu ef. Kariću

Bošnjaci u Sjevernoj Americi, ali i cijela bosansko-hercegovačka čitalačka publika ima potrebu, rekao bih i obavezu, zahvaliti se Muhammadu Al-Ahariju, koji od zaborava čuva sjećanje na naše intelektualce koji su živjeli i djelovali među nama. Prije svega mislim na mislioce poput Ćamila ef. Avdića i kadiju Seida ef. Karića koji su ostavili neizbrisiv trag u bosanskoj američkoj muslimanskoj zajednici i bili pronositelji islamske obnoviteljske misli na američkom tlu. Obzirom da sam upoznat s kakvom ljubavlju i pažnjom dr. Muhamed Al-Ahari pristupa istraživanju naših intelektualaca i mislilaca, te koliko detaljno istražuje njihove sfere intelektualnog interesovanja, veliko mi je zadovoljstvo napisati nekoliko riječi na ovu temu i doprinijeti čuvanju od zaborava spomen na ovu dvojicu naših alima i mislilaca. Zajedno sa Muharemom Zulfićem i Smailom Balićem, Muhammad Al-Ahari, zaslužuje da mu odamo priznanje i s pažnjom pristupimo iščitavanju njegovih djela koje nam bez ikakvog dunjalučkog interesa "servira kao na pladnju", iako su sunarodnjaci pomenutih alima imali veću obavezu od njega da o njima kazuju i pišu.

Ono što je zajedničko dvojici kolega i prijatelja, osim što su obojica završili Gazi Husrev-begovu medresu u Sarajevu, nakon koje se Ćamil ef. Avdić upućuje na El-Azhar dok Seid ef. Karić ostaje u Sarajevu i završava Višu islamsku teološku školu (današnji Fakultet islamskih nauka u Sarajevu) gdje dobija zvanje "kadije", jeste što su se obojica bili primorani da napuste svoju domovinu tražeći azil u dalekoj Americi. Vrlo interesantno je da su se obojica po dolasku u Ameriku bavila bibliotekarstvom, te da su završili magistarske studije iz te oblasti, kao i to da su obojica iz sebe ostavila nekoliko vrlo značajnih naučnih radova. Kadija Seid ef. Karić bio je knjižničar u glavnoj univerzitetskoj biblioteci u Bloomington-u u saveznoj državi Indiana koja je udaljena, za američke pojmove "svega" 4 sahata vožnje od Chicaga, dok je Ćamil ef. Avdić dužnost knjižničara i bibliografa obavljao u biblitoeci Johna Crerara u Chicagu. Tu su se upoznali sa američkom muslimanskom historijom na osnovu koje će kasnije sa velikim samopouzdanjem pisati o tradiciji bosanskih muslimana i širiti kazivanja o dolasku islama na naša podneblja. To će ih ohrabriti i da uzmu značajniju ulogu i formiranju novih udruženja i institucija na američkom tlu. Njih dvojica će u dobroj mjeri oblikovati tadašnju bošnjačku muslimansku zajednicu u Chicagu.

Kako kadija Seid ef. Karić tako i mr. Ćamil ef. Avdić, obojica su imali jako tešku ulogu u pokušaju da tadašnju islamsku obnoviteljsku misao koja je ranijih decenija već potekla ulicama, prije svih, Kaira i prelila se na ulice Pariza i drugih evropskih gradova, prenesu u Ameriku i predstave je svojim sunarodnjacima, ali i muslimanima iz arapskih zemalja sa kojima su sarađivali i među kojima su vrlo aktivno djelovali.

Zajedničkim snagama će već na samom početku svog djelovanja u Chicagu osnovati udruženje Muslimanski vjerski i kulturni Dom koji će pomoći da se aktivnosti prvog muslimanskog dobrotvornog društva "Džamijetul-hajrije" realizuju i iznjedre buduće bosansko-hercegovačke islamske centre po Chicagu, a kasnije i širom Amerike. Kao što rekoh, svoje iskustvo organizovanja zajednica i njihove integracije u društvo prenijeli su i među muslimane Chicaga. To se vidi i u samim riječima kadije Seida ef. Karića prilikom otvaranja "džamije i škole muslimanskog kulturnog doma" na adresi 1800 North Halsted Street u Chicagu u zimu, tačnije 10-og februara, 1957.godine. Na svečanosti prilikom otvorenja doma prisutnima su se obratili Ćamil ef. Avvdić, gđa Almasa Hairlich, gosp. Safet Sarić, gosp. Mehmed Hairlich i kadija Seid ef. Karić.

Vrlo je zanimljivo vidjeti listu svih donatora ("Imena darivatelja") među kojima se kadija Seid ef.

Karić nalazi na prvom mjestu sa iznosom od 509,75 američkih dolara, što je za tadašnje prilike bila ogromna suma novca.

Kadija Seid ef. Karić imao je veliko poštovanje i gajio je prijateljsku ljubav prema svom školskom kolegi, Ćamilu ef. Avdiću, tako da su njih dvojica u datim okolnostima bili idealan tim za realizaciju takvog jednog, za tadašnje prilike, ogromnog poduhvata. Odnos kadije Seida ef. Karića sa hrvatskim kulturnim zajednicama u Chicagu doprinio je da kupovina budućeg centra bude potpomognuta i od strane Hrvata katolika iz Chicaga, što je svakako za svaku pohvalu. S druge strane, to nam govori da su ljudi sa naših krajeva uvijek znali jedni za druge i da se međureligijska saradnja u taj vakat bila jako intenzivna i svrsihodna.

Kao ljubitelji pisane riječi, prof. Ćamil ef. Avdić i kadija Seid ef. Karić, pomno su bilježili sve aktivnosti Muslimanskog vjerskog i kulturnog Doma i objavljivali ih u svom Glasniku. Obzirom da je Seid ef. Karić obavljao i sekretarske poslove u pomenutom domu, zahvaljujući njegovom pomnom bilježenju svih donacija i aktivnosti, mi danas imamo sačuvane zapise o događajima i aktivnostima tog prvog Muslimanskog vjerskog i kulturnog Doma u Chicagu. Kadija Seid ef. Karić našao se već 1955. godine na listi utemeljitelja tog doma, što nam kazuje da su njegove riječi pratile njegova djela.

Na nekoliko mjesta nalazimo eseje i govore kadije Seida ef. Karića koji tretira aktuelne teme svog vremena, nalizirajući probleme s kojima se suočava njegova zajednica. Obzirom da je tadašnja generacija doseljenika radila teške fizičke poslove i borila se za goli opstanak, veliki broj njih pod uticajem stresa potpomognutog nostalgijom za rodnom grudom, bila je ovisna o alkoholu. Upravo na tu temu kadija Seid ef. Karić kazivao je u svom neimenovanom eseju kojeg u ovoj knjizi Muhammada Al-Aharija možete pronaći pod imenom "Untitled Essay on Alcohol". Svjestan stanja u kojemu se nalaze, nudio je pomoć i podršku onima koji su tražili izlaz i takvih i sličnih situacija, tako da možemo kazati da je kadija Seid ef. Karić bi vrsni psiholog, vaiz i esejista. Osim toga, kao svršenik Više šerijatske sudačke škole i poznavalac prava, vrlo često je pisao o pravima koje imaju zatvorenici ili optuženi za prekršaje, jer tadašnja generacija nije imala obrazovanih advokata s naših krajeva koji bi im mogli pomoći u slučaju bilo kakvih povreda njihovih prava ili prekršaja zakona. T esvoje radove i eseje objavljivao je u Glasniku Muslimanskog vjerskog i kulturnog Doma tokom nekoliko godina njegovog printanja.

Kadija Seid ef. Karić, kao urednik navedenog časopisa, uvijek je naglašavao da se pomenuti Glasnik ne bavi političkim pitanjima "osim ukoliko se bude radilo o Bosni", što nam opet govori da su pomno pratili dešavanja u svojoj domovini i na njih adekvatno, u skladu sa situacijom, reagovali i pomagali. Isto tako, pratio je pisanja drugih i objavljivao najznačajnije dijelove vijesti iz drugih časopisa i novina u svom Glasniku.

Na kraju, obojici je mezar u Chicagu. Njihova dva mezara svjedoče da su do kraja bili predani širenju Božije poruke među američkim muslimanima, kao i da su svoj život posvetili unošenju naučne misli u naše islamske centre.

9/9/2018.
Chicago

Hfz. Muriz ef. Mešić

Selected Articles on Seid Karić:
Obituaries and remembrances

Obituary of Seid Kadia ef. Karić
Smail Balić[10]

"Svi Božiji smo na Povratnom Putu Njemu." **(Qur'an 2:156)**

U Bloomington, Indiana, gdje je posljednjih tridesetak godina zivio, umro Seid-efendija Karić, jedan od svršenika. Više islamske teološke skole u Sarajevu (1937-1945) koji su se našli izvan zemlje.

Rodjen 1, septembra 1916 u Gornjoj Tuzli, on je po završnoj osnovnoj školi nastavio školovanje na Gazi Husrevbegvoj medresi, koju je završio s izvrsnim uspjehom. Slijedio je studij na VIŠTŠ-u, koji je onda vršio funkciju današnjeg Islamskog fakalteta. Završavanjem ove škole je osposobljen za šeriatskog sudca (kadiju) ili vjeroučitelja na srednjim školama. Kratko iza absolatorija slijelo je novačenje u vojsku. Došao je i na Istočnu frontu, gdje je zarobljen. Teške godine sužanjstva ostavile su na plemenitoj duši Seida Karića duboke brazde, ali je i u tim danima nevolje učio i usavršavao se. Bio je to sužanjski put, kojim su od 17 stoljeća na ovamo prošle gomile njegovih zemljaka.

Skupa s hrvatskim generalom Dragičevićem došao je iz zarobljeništva oko 1952 godine u Austriju. Odatle se nakon par godina iselio u Ameriku.

Rahmetlija je u Bloomington bio knjižničar na glavnoj univerzitetskoj biblioteci. Bio je i član American Oriental Societyta Suradjivao svojevremeno "Hrvatskom Glasu" (Winnipeg) Radio je na bosanskim sevdalinkama, radovi o Bosancima u America ostali su mu neobjavljeni.

---

[10] I only have a poor-quality photocopy of the obituary without any date or place of publication mentioned.

Spremao je disertaciju o starom bosanskom piscu Omer-efendiju is Novog i njegovom djelu "Bosna tarihi."[11]

Seid Karić je bio čovjek od izvanredne blage ćudi, veseljak i humanista, kakvih je danas malo. Mnogo je učinio za izgradnju i jačanje Islamskog centra u Chicagu, u kojem je poslije dugo godina imamio rahmetli Ćamil-efendija Avdić, njegov školski drug.

Rahm Seid efendija je ostavio iza sebe ženu Hajru, sina Ismeta i kćerku Esmu. Neka je Božija milost plemenitoj mu duši!

---

[11] The actual Dissertation is on the ancient Bosnian Cyrillic script called *Bosančica* rather than the Austrian-Hungarian battles in Bosnia.

Seid Karić[12]

Seid Karić, 68, 4323 Stephens Drive, died Wednesday at the Bloomington Hospital. He was an associate librarian at Indiana University.

Karić, whose area of expertise for the Indiana University Main Library was Serbo-Croatian language and literature was born Sept. 1, 1916 in Gornja Tuzla, Bosnia, a state in Yugoslavia. He received a Bachelor of Arts diploma from the Superior Islamic Shariat School of Theology in Yugoslavia in 1940, and the Master of Arts degree from Indiana University in 1963. During 1955-56 he studied business administration at Northwestern University.

He had language capabilities in English, German, Serbo-Croatian, and Russian and could read Italian, Arabic, Turkish and Slavic languages. He was a member of the American Oriental Society, author of "Sevdalinka" (Bosnian Folksongs), and a pamphlet on Bosnians in the United States.[13]

Karić is survived by his wife, Hajra; a son, Ismet; and a daughter, Esma.

Arrangements are pending at Allen Funeral Home in Bloomington.

---

[12] An obituary from an undated and unidentified photocopy from a local Bloomington, Indiana newspaper.

[13] Karić, Seid ef. (1957). *Otvorenje Dzamije i Skole Muslimanskog Kulturnog Doma u Chicago*, Chicago: Muslim Religious and Cultural Home.

Memorial Resolution
Seid Karić (1916-1985)[14]

For more than twenty years Seid Karić labored beyond the public eye of the university community cataloguing thousands of books on topics and in languages far too numerous to categorize. And like the books he described, Seid was a man of many interests and multi-lingual talents.

He was born in Gornja Tuzla, Bosnia and throughout his life carried with great pride his Bosnian heritage. In 1940, he received a Bachelor of Arts from the Superior Islamic Shariat School of Theology in Sarajevo. Then World War II provided a long and painful interruption to his studies. His service in the Croatian Army ended in a five-year confinement at a prisoner-of-war camp in Ukraine. Upon his release, he was sent to Hungary, and from there he went to Austria. He enrolled at Vienna University, taking classes in philosophy, religion, and foreign languages. In 1951, he immigrated to the United States, where he continued his education at Northwestern University as a student of business administration. Despite the hardships in his earlier years, Seid maintained a quiet dignity that did not go unnoticed.

> I will remember Seid Karić as a gentle, unassuming man – the essence of unaffected humanity. His superior intelligence and his many accomplishments did not make him proud or haughty; rather,

---

[14]Prepared by Sylvia Burbach, Assistant Head, Catalouging Department, University Libraries, Indiana University Bloomington Circular B23-86. Commemorated by the Bloomington Faculty Council: December 3, 1985.

he always endeavored to see the good in
others, never complained and seldom spoke
ill of anyone.[15]

In 1963, Seid received a Master of Arts degree
from Indiana University and accepted a position as
cataloguer at the university. For much of his career
Seid supervised the faculty and support staff
cataloguers of the Slavic Section, all the while
maintaining an outstanding productivity rate among
the faculty cataloguers. He set a fine example for his
staff by cataloguing books on difficult topics in
languages unfamiliar to all members of the
department.

> The high level and broad range of language
> expertise that Seid Karić brought to his
> position as Slavic cataloguer were valuable.
> I am sure that his colleagues and friends at
> Indiana University join me in recognizing
> his many years of fine service to the
> students and scholars of our academic
> community.[16]

Seid always made time for the steady stream of
questioners needing his guidance to unravel the
mysteries of a book. For many years he was my
mentor, skillfully preparing me for a career I had yet
to recognize.

> Seid's quiet care with books is a model we
> all respect. We savored his gentle humor
> and playful gruffness while reviewing

---

[15]William McCloy, Head of Technical Services, Law
Library

[16] Elaine Sloan, Dean of University Libraries

together the rules of order or weighing an author's emphasis. Reminiscence with nostalgia over coffee brought his way's turning points into view and reaffirmed his pilgrimage among us. A military bearing, a commanding mien, and decisive courage were surely refined through his life of sensitive aid to needy fellow members of his Islamic community, and service to a great many others. When illness struck, he told us all in a firm but quiet voice, "If this is it, I am ready to die!"[17]

He pursued a Ph.D. in the field of Turkish Studies, and those closest to Seid knew how important to him his completion of this dissertation was.

In Seid Karić, the Department of Uralic and Altaic Studies lost its best friend in the Main Library. His attachment to the Turkish Studies Program of the department was not only professional, but also emotional. He took all the courses of the department for a Ph.D., took his qualifying examination, and practically completed his Ph.D. dissertation by the time of his untimely death. The topic of his dissertation, the Ottoman Bosnian Script, used by Turkish Administration and Muslim businessmen up to the beginning of the Nineteenth Century in Bosnia, is an extremely involved one, and in the United States Seid Karić was the only scholar who was able to interpret its intricacies. It is a

---

[17] James Pollock, Cataloguer and Near Eastern Area Studies Subject Specialist.

major loss to Turcology that fate did not permit him to complete this important contribution to science. [18]

Throughout his life Seid was quietly but actively involved in numerous organizations. He was founder and president of the Bosnian Cultural Association and a board member of the Islamic Cultural Center of Greater Chicago. In recognition of Seid's dedication to education a memorial fund was established by his co-workers for the college education of his children. The generous response to this project reflects the good feelings he elicited from his friends and colleagues.

> In my experience Seid Karić was and is a unique personality in whom competence, dedication, and spiritual integrity coexist in an almost ideal symbiosis.[19]

For myself, and others who were touched by Seid Karić, I will quote his friend and fellow catalouger, Michael Welch:

> Seid Karić is remembered as a man of many languages, but the rarest language he offered us was his life which told eloquently of the kindness and dignity mankind can achieve. His soft-spoken adherence to principle was decorated and in no way diminished by a singularly engaging sense of humor. Those of us who were fortunate enough to know him could not but benefit

---

[18] Gustav Bayerle, Chairman, Uralic and Altaic Studies
[19] Alo Raun, Professor Emeritus of Linguistics and of Uralic and Altaic Studies

from his example; and we knew this long
before we lost him.

Be resolved that this statement become part of
the record of the Bloomington Faculty Council and
that copies be forwarded to his wife Hayra, his
daughter Esma, and his son Ismet.

Seid Karić
Ante Kadić[20]

DANA 13. Ožujka, u Bloomington (Indiana), nakon kratke ali teške bolesti, preminuo je u bolnici ef. Seid Karić.

Pokojnik je bio rođen u Tuzli, završio pred rat visoku šerijatsku školu, bio na istočnom frontu, zarobljen, nekoliko godina kasnije oslobođen te preko Austrije stigao u Ameriku, u Chicago. U početku je radio najteže poslove, ali obdaren krasnom pameću I snažnom voljom, on je završio bibliotekarstvo.

Godina 1963. Zaposlio se u knjižnici Indiana sveučilišta. Bio je veoma cijenjen radi svojeg rada te odličnog poznavanja slavenskih i srednjo-istočnih jezika i kultura. Smrt ga je zatekla, kad se upravo spremao da (u 68. godini života) pođe u mirovinu, konačno dovrši doktorsku disertaciju te stavi na papir svoje ratne uspomene.

Pokojnik je bio uvjereni Musliman i Hrvat, ali su ga cijenili pripadnici svih vjera, narodnosti i ideologija. Bio je tih i povučen, pun znanja, veoma duhovan te spreman da svakome učini uslugu.

Na vijest o njegovoj smrti ovaj sveučilišni gradić je ostao kao ošinut. S usana sviju se čuo samo vapaj: Bog dao vječni pokoj plemenitoj mu duši!

Karić je sahranjen u Chicago, na muslimanskom groblju.

Naša iskrena sućut njegovoj gospođi Hairi, sinu Alagi i kćerki Esmi.

---

[20] Kadić, Ante "Seid Karić (Bloomington, Indiana, 13. III. 1985)." *Hrvatska revija.* 35 (1985) 2. Nekrolozi. - 385.

Merhum Seid ef. Karić

Kratki opis o Seid ef. od Muharem Zulfić[21]

Kada sam došao u Chicago 1960 godine, uskoro sam upoznao i Seid ef. Tko je bijo Seid ef., svatko ga je poznavao pod imenom Kadija. Te kada sam prvi puta vidio Kadiju vidijo sam jedno vrlo ljepo lice sa osmjehom na usnama. Vidio sam ga prve nedelje kada sam došao u džamiju. Otišao sam uskoro i do kuće kadijine, on je zapravao živijo u stanu sa Ramom na Burlington Avenue u Chicago. Nedaleko od naše džamije na 1800 Halsted.

Kadija je bijo niske rasti mislim da je bio oko 5 nogu i 6 inchi. Lice mu se uvijeka smješkalo imao je pune usne zubi koje je odnio sa sobom da nije nikada ni jednoga ni izubio, glava mu je bila priličo krupna ali je bila ćelava samo što je navlaćivao nekolio dlaka preko sredine glave kao da je htio da sakrije baš to švoju kako kažu ćelavu ali jednu od mudrih glava. Poslije su mi neki pričali kako je on i ramo obrijali glavu da bi im kosa bolja narasla ali čudo se desilo da su uskoro oba postali ćelavi, rado je prilazio svakome i upitavao se je odmah je odmah prvi pitao za daljne zdravlje i ispitavanje. Govor mu je bio čisti jasan kako pitanja tako i odgovor ako je došlo do nekakovi pitaja u nečemu važnijem kao o pojedinaca ili same zajednice vrlo je dobru razmislio i onda je davao odgovor baš onako kakk naša narodna psolovica kaže: prvo ispeci pa onada reci.

O Kadija bi imao manogo sta da pišem po slušanju drugih koji su vec ranije došli i poznavaliga. Moje samo poznavje Kadije nije bilo moguce posto je

---

[21] This biographic sketch is from a forthcoming collection entitled *Merhum* (Remembrance of those who have passed) by Muharem Zulfić.

on već uskoro napustio Chicago i otišao nadaljne školovanje u Bloomington Univerziti Indiana da završi za librarian za tri godine, kako je završio sa vrlo dobrim uspjehom mnogi su ga tamo i zavolili te sum u i dali ponude da odmah postane librarian an Univerzitetu za Biblioteku Srbsko-Hrvatkog Jezika što je i ostao sve do svoje smrti.

Seid ef. Karić (1916-1985)

Na 13 Marta 1985 godine u 6 sati poslije podne u bolnici Bloomington, Indijana preselijo se ja na Ahiret i drugi svijet na svoje vječno boravište naš Seid ef. Karić. Koga smo mi svi poznavali pod imenom (Kadija).

Tko je bilo Kadija?

Seid ef. Karić rodijo se u Gornjoj Tuzli, gdje je i završio osnovne škole i nastavijo daljnje školovanje u Gazi Husrev Begovoj Medresi u Sarajevu i završio je za Šeriatskoga sudca (Kadija).

Kako ga je zatekao rat otišao je u vojsku te je bijo bacen na istočni ili Ruski Front. Tu je bijo zarobljen i ostao sve do 1951 godina kada je bijo povraćen u Austriju. U Austriji mu je uspjelo da već 1953 se prebaci u Ameriku i dođe baš u Chicago. Gje mu je Muslimansko Društvo Poslalo garanciju. Dolaskom njegovim ovo društvo postalo je mnogo više ospodbljivije pošto Seidova je ideja bila da se naši ljudi pomognu i izvedu iz tih jadnih lagera. Došao je ovdje, kod ovih naših starih koji nisu imali mnogo vjerske naobrazbe, stvorena je ubrzo ideja da se osnuje jedno vjerske društvo tako su doveli i jednog kvalicifiranog imama iz Caira našega čovjeka Kamil ef. Avdić.

Sada su bili jaki i sposobni da su već iste godine 1954 osnovali novo udruženje Muslimanski Vjerski i

Kulturni Dom. Zgrade su bile prikupljene dom je bijo već otvorit 1957 godine, najveci rad i teret pripada našemu Kadija jer je on bijo za pravo prvi koji je sve ovo pokrenuo i borio se je da se ovo zbilja doge do samoga pravo prvi koji je sve ovo pokrenuo i borio se je da ovo zbilja doge do samoga ostvarenja.

Ja sam dašao u Chicago 1960 Godine. I jednoga dana kada sam dašao u Džamiju na Halstedu u Chicago upoznao sam Kadiju. Na prvi pogled opazio sam jednoga srednje stasi čovjeka koji je prisao k meni sa osmeskom na licu i čleave glave, stisnuo mi lagano ruku i zazelio mi dobro došlicu. To je bijo Kadija. Osjeti o sam i sam tu radost koja sa je vidila na njegovome licu posilje sam dolazio njegov stan gje je živijo sa Ramom Leljlić na Burlington Ave., nedaleko od samoga doma, pričaju mi kako su oni ostali ćelavi obrijali su glave, ne bi li imali jaču kosu ali mjesto da kosa raste ona više nije ni rasla. Ta nkegova glava se uvijeka svjetlucalla kada je dašao u razgovor česće je puta prešo preko glave pogladijo kao da je htieo da kaže nešto te kako je bila ćelava ali je bila puna i mudra iznutra. Priličan ostar pogled i osmjeh na usnama kada je bijo upitan, nikada ne bi odmah odgovarao. Promislio je dobro i dao je onda odgovor.

Svakome je pomagao i davao ljepi savjet pomaga je i druge zajednice organizacije i pojedince. Sa svakim se rado ispitivao i upitao za zdravlje. Jednom mi priča kada su kupili zgrade na Halstetu i kako su tada radili. Kaže mi smo bili tada bili toliko uporni i puni elana da što prija stvorimo. I ako nam je već i snage nedo stajalo mi smo isto jos vise uprili kao sto se kaze upro kao Bosansko june. Baš ovu izreku je i naveo u svojoj knjižici o otvoenju Muslimanskog Doma. Rado je učio djecu i to čim je došao već od 1954 uči djecu u Mektebui sve do njegova odlaska u Bloomington. Prilikom učenja djece imao je jednu izreku koju je često puta i ponavljao među nama....cana, puna canak!

U razgovoru bi isto ubacivao ako netko nije dobar stavit će mo te u feleke. Zbiljam, on je bijo jedan od onih koji se rijetko rađaju. Dao je tako rekući sve od sebe fizički moralno i materijalno. Čak mi jednom veli ovako znaš, da je bilo takovih vremena da nismo imali nekada da platimo bilove. To je bijo nas Kadija vadijo je iz svoga džepa i platio da nitko ne bi ni zano. Za biblioteka je završio ovdje u Chicago 1961-1963. Poslušao sam ga i zamolio me je da uzmem njegovo mjesto i nastavim sa daljnim rado sto sam pristao, a naučio sam isto da radim onakom kao što je i on sam radijo. Dobijo je namještenje u Bloomingtonu 1963 za Bibliotekara Slavinstike odjel. I tu je ostao sve do svoje smrty. Bijo je vrlo poštivan na univerzitetu.

Oženio se iz staroga kraja sa Hajrom Kusturica koja mu je porodila sina Ismet i kcerku Esma, koje ostavlja iza sebe.

Zadnji puta smo se vidili za vrijeme njegova dolaska u Milwaukee. Došao je u Centar i tamo smo malo prićali. Zvao sam ga kući da mi dođe. Pošto mi je obećao ali mi veli ovako: Kako ja vidim to izgledaš vrlo dobro samo nastavi i bori se da se ovo sve ljepo očuva kada smo toliko ostavili za ovaj Centar toje bilo Thanksgiving Dan 1984. Eto mi veli: Nešto Imam važno moram da vidim Doktora i moram što prija kući. Još sada mi da si Halalimo a ja ode da vidim staroga Omera u Chicago i onda odo kući za Bloomington. Nakon kratke bolest naš Kadija je ispustio dušu kaže mi Jamal Kusturica da je još uvijeka ucio i zadnje reči su mu bile "Trebase Brate Umirati" otišao je na Ahiret sa Božijim posljednim recima "La i lahe illellah Muhammeduh Resulullah." Preneseno mu je tijelo iz Bloomington u Northbrook, i u nešemu Centru smo klanjali dženazu. Pokopan je u našim mezarlucima Skoie, IL.

Neka mu je Rahmet i Allah mu podari Dženet i mi smo svi Božiji El-Fatiha. Amin.

Din o Bogu je pred smrt spominjao ikre u budućnosti da mu je preveo toliko njegovo dijelo i selam čuli na Bosnu.

Seid Karić[22]

Seid Karić, Associate Librarian in the Cataloging Department, IUB, died Wednesday, March 13, at the Bloomington Hospital following a brief illness. Seid, who cataloged a wide variety of Slavic, Turkic, and miscellaneous languages, was born September 1, 1916, in Gornja Tuzla, Bosnia. In 1963 he received a Master of Arts degree from IU and accepted a position as cataloger at the University. In recent years, he was enrolled in the Ph.D. Program of the Uralic and Altaic Studies Department, and having completed all course work, was in the process of writing his dissertation in the field of Turkic Studies. He is survived by his wife, Hayra; a son, Ismet; and a daughter, Esroa.

In Seid's memory, his co-workers have established a memorial fund at the Bloomington National Bank for the college education of his children. Seid's career and personal academic achievement were dedicated to the betterment of education. It is to honor his memory and commitment that the memorial fund is established to help Seid's children achieve these same goals.

Contributions should be sent in care of Sylvia Burbach, Cataloging, Main Library, Indiana University, Bloomington, IN 47405. Checks should be made payable to Hayra Karić (Memorial Fund).

---

[22] *MELA Notes* 35, Spring 1985, "Obituaries": page 27. MELA is the Middle Eastern Librarian Association.

Figure 2: The café ran by Musafa Sarić at 1637 North Clybourn Ave. in Chicago. The first floor was a meeting place for Dzemejutul Hajrije when he was secretary and the 2nd and 3rd floor were boarding rooms.

The Moslem Religious and Cultural Home at 1800 N. Halsted in Chicago from 1955-1975 suceeded his café. It was two buildings, but only the three-story building remains today. The organization is now named the Islamic Cultural Center of Greater Chicago and has been located in Northbrook, Illinois since 1975.

The Moslem Religious and Cultural Home can be deemed an incubator since most of the leadership the Islamic organizations in Chicago attended this religious center in the 1960s before founding their own ethnic based religious organization such as the Muslim Cultural Center of Chicago and the Islamic Foundation in Villa Park, Illinois.

The Opening of the Mosque and School of the Muslim Cultural Home in Chicago[23]

Here are a few words on the occasion of the opening of the Mosque and school of the Muslim Cultural Home. With the arrival of the first Muslims immigrants after the Second World War, an idea appeared to build or buy a home to be the center of the religious and cultural work and activities of Bosnian Herecegovian Muslims.

The first immigrants from Bosnia and Hercegovina, who began arriving as early as 1903 also held the same idea. However, there was no way for that idea to be realized.

The generation born in America knew very little about Islam and the homeland where their parents were born. They were eager to learn but there was no one to teach them and nowhere to learn.

Although we were individualists, even the homeland we knew how to form a community when it came to start a religious cultural endeavor. Here, where we have all materialistic capabilities and freedom, we were of the opinion that we could do more.

At first glance, the conditions to begin with a serious work were unusually suitable for the endeavor, but at the beginning – and we had several beginnings – we have realized that the difficulties were almost unbridgeable. The older generation had the experience of the Second World War, the

---

[23]This pamphlet was written on February 10, 1957. The translation was provided by Muharem Zulfić. The list of contributors and the amount contributed is located in the Bosnian language original that follows after this translation.

experience that no other immigrant community had. Thus, it was very difficult to start anything with them. Among them the suspicious ones were those who eloquent and who had nice ideas – they trusted them – while it became apparent that such individuals tricked them in the worst possible way. No matter how the older generation was unfriendly, it was necessary to wait for a moment to engage them, as we knew that they would be able at the end to separate the good from evil.

It appeared that the right moment came with the arrival of Professor Kamil Avdić. Raised to work in cultural and social fields, and having rich experience in that area, Professor Avdić held the opinion that the course we trying to keep was the best and that that course, with the help of God, would lead us to the ultimate success.

In March 1954, an assembly of the Muslims of Greater Chicago was held, during which a working committee of three was elected: Professor Kamil Avdić, the late Sukrija Busulović, and Mustafa Sarich. At the assembly pledges were made in the amount of $3,700 and these monies were paid within a month. As soon as the Croatian Catholics came to know about our activities, they responded with generous donations without waiting for our calls. *Danica, Hrvatski Glas*, and *Američki Hrvatski Glas* published whatever we requested. On May 22, 1955, the association was constituted, and the following board was elected: President Professor Kamil Avdić; Vice-President Engineer Mustafa Hasanagić; First Secretary Safvet Sarich; Second Secreatry Seid Karić; Treasurer Bajro Selimović, Second Treasurer Hama Arnautović; Auditors Ahmed Blagija, Zejnil Tanović, Hasan Zubčević. Later Mrs. Almasa Hairlić, Mehmed Hairlić, and Ahmed Majdin joined, and this board acted until today.

Though today all work moves smoothly, looking back we remember many difficult days. There were a lot of difficulties and misunderstandings. Some of them were advising us, with good intentions, "do like this," but we acted like a Bosnian bull when it holds his front legs together – you can kill it, but it won't budge. We replied with Ano" and kept our way. The others were pessimistic and held the opinion that if nothing good has been done over the last ten years, it can not be done today either. Other considered our community to be too small.

On the other side, there was a majority that followed our progress on a daily basis. If no progress has been made, people would say we aren't attempting to make progress. The work appeared too slow to them. It was as if they wanted what opportunities that were missed for years made up in a day. When the building committee was too cautious about buying a cultural home, some were seriously upset. August 15, 1956 was the greatest holiday for many.

A small spot in Chicago belongs to us, and we hope that it will be a religious and cultural center of Bosnian-Hercegovinian Muslims in immigration. For what we have accomplished, we are the first of all grateful to Allah, this free country and many extended helping hands. There are many communities in America are much nicer and wealthier, but there are few such small communities that have accomplished what we have accomplished. When the mosque and school open we will thank the Almighty for giving us the strength to open a place where his name will be mentioned with respect, and we will pray that he will give us strength to continue doing a good job with good intentions.

This report wouldn't be complete without mentioning several members who contributed to the association more than most. Rahmetli Huso Sarich and Sukrijjah Busulović didn't live to see the day when the home was purchased although that was their greatest desire. We ask God to reward them for their deeds. The artistic work was fabricated according the design of Mustafa Hasanagić. He himself worked most to realize this plan of his.[24]

Yusuf Jaganić, besides his work in the home, takes most credit among us for contributing to the immigration of new refugees. He was also the chairman of the immigration department.

Besides the generous donation, Omar Avdić and his family presented the home with many things. Omar worked at the home most and had the best knowledge of its working.

Hama Arnautović acted as the treasurer and paid many bills from his own pocket. Besides that, he was at the home and surroundings busy everyday.

Smail Baraković made us in debt to him for his generous donations and moral support.

The extent of support of Hairlić family can be seen best for the fact that the two members of this family were members of the associations board.

Although Safet Sarich was born in Chicago, he worked with more knowledge and enthusiasm than those that were born in the middle of Sarajevo.

Ahmed Balagia was among those who held the opinion that the work was going to slowly he was a big support in every endeavor.

Šaban Torlo, Sr. Osman Bojić, and Ramo Lejlić had no free weekend since the home had been

---

[24] He designed the ornate star-burst above the chandelier in the Halsted Street Jami, the tile design on the walls of the Masjid, the Mihrab, and the Minbar.

purchased. It seems to us that Shaban was ready to purchase the home by himself, with that desire he struggled for the community. Osman arrived this summer and immediately joined the association. As soon as the home was purchased, he made himself available. Ramo came in September and from the first day he had been active at the home. To this group belongs Hashim Hadzialić. We are sorry that he will not be present at the opening of the mosque – Uncle Sam had invited him to serve the army.

We would also like to mention the names of several members whose work can not be measured with dollars: Hashim Sarich, Mustafa Sarich, Ahmet Avdić, Eshref Tulić, and Elias Zenkić.

At the end, we are presenting a donators list which is far from being complete. Thus, for example, the list doesn't indicate that every association's party was paid in advance. When the association needed three thousand dollars, Jusuf Jaganić, Šaban Torlo, and Jamal Kurstović eaxch lent a $1000 dollar. The list doesn't reflect the contribution of those ladies and gentlemen who helped exchange our ration-coupon books in the United States and Canada. In this list neither the names of the donators have been mentioned who contributed around four hundred dollars. Either we didn't get names of the donors, or they put n.n. (no name).

The human words are not enough to express our thankfulness to our benefactors; therefore, we yield to Allah to reward them.

Figure 3: Mektab at 1800 N. Halsted

OTVORENJA Džamije i Škole MUSLIMANSKO KULTURNO DOMU U CHICAGU

POZIVNICA
MUSLIMANSKO VKERSKO-KULTURNI DOM
1800 North Halsted Street, Chicago, Illinois

Srdačno Vas pozivamo da prisustvujete otvorenju naše i škole na
10. FEBRURA 1957.
U 11:30 SATI PRIJE PODNE.

Vi ste svojim novčanim doprinosom pomogli kupovanje zgrade našeg Doma, zato će nam biti osobito drago, ako se nadjete u našoj sredini da zahvalimo Svevišnjem na tom velikom daru.
U Chicagu, mjeseca februara 1957.

ODBOR

PROGRAM OTVORENJA

1. SVEČANO OTVORENJE DŽAMIJIE.
2. ZAJEDNIČKO KLANJANJE PODNE NAMAZA.
3. UČENJE KURANA I DOVA.
4. Ing. Mustafa Hasanagić predstavlja govornike: prof. Kamila Avdića; gospodju Almasu Hairlich; gg. Safeta Saricha, Mehmeda Hairlicha i Seida Karića.
5. Nakon svečanog otvorenja zakuska u prostorijama doma.

NEKOLIKO RIJEČI PRILIKOM OTVORENJA DŽAMIJE I ŠKOLE MUSLIMANSKO KULTURNO DOMA

Unutrašnjost džamije u Chicagu – mihrab i membera

Dolaskom prvih muslimana emigranata poslije Drugog Svjetskog Rata, rodila se je misao o izgradnji ili kupnji jednoga doma, koji bi bio središte vjerskog i kulturnog rada bosansko-herecegovačkih muslimana.

Prvi emigranti iz Bosne i Hercegovine, koji su počeli dolaziti još 1903 godine bavili su se istom mišlju, ali, nažalost, nije se našao put da se ta zamisao ostvari. Generacija, koja se je rodila u Americi, znala je vrlo malo o Islamu i zemlji, gdje su im se roditelji rodili. Ona je bila željana da sazna nešto, ali nite je imala od koga, a niti gdje.

Iako smo individualisti, znali smo već u starom kraju stvarati zajednicu, kada se je radilo o nekom vjersko-kulturnom podhvatu. Ovdje, gdje imamo materijalne mogućnosti i gdje imamo slobodu, smatrali smo da možemo više učiniti.

Tako je na prvi mah izgledalo, da su uvjeti neobično povoljni da se počne sa jednim ozbiljnim radom. Tek kada se je počelo, – a počinjalo se je nekoliko puta, – uvidjeli smo, da su poteškoće gotovo nepremostive. Starija generacije prošla je tokom Drugog Svijetskog Rata kroz jedno iskustvo kroz koje nijedna druga emigracija nije prošla, pa je bilo vrlo teško bilo što s njome početi. Osobito su kod njih bili sumnjivi oni, koji su znali lijepo govoriti i imali lijepe zamisli, jer su oni baš takvim vjerovali, dok se pokazalo, da su ih oni najgore prevarili. Nužno je bilo naći zgodan momenat, jer ma kako starija generacija bila odbojna, znali smo, da će ona na koncu znati rastaviti dobro od zla.

Izgledalo je, da je pravi momenat došao dolaskom profesora Kamila Avdić. Odgojen da radi na kulturnom i socijalnom polju i imajući golemo iskustva u tom radu, profesor Avdić smatrao je, da je put kojim smo mi namjeravali poći, najbolji i da će s Božjom pomoći dovesti sigurnom uspjehu.

U martu 1954, sazvat je širi sastanak muslimane Chicaga i okolice, ne kojom je izabran radni odbor trojice: Prof. Kamil Avdić, rahmetli Sukrija Busulović, i Mustafa Sarich. Na tom sastanku obećani su dobrovoljni prilozi u visini od $3.700.00, koji su u roku od mjesec dana bili uplaćeni. Hrvati katolike, čim su čuli za našu akciju, odazvali su se sa obilnim dobrovoljnim prilozima i ne čekajući naš poziv. *Danica, Hrvatski Glas*, i *Američki Hrvatski Glas* tiskali su sve, što smo ih zamolili. Dne 22 maja 1955 godine konstituirano je društvo i izabran sljedeći odbor: Predsjednik prof. Kamil Avdić; Podpredsjednik ing. Mustafa Hasanagić; Prva tajnik: Safvet Šarić; Drugo tajnik: Seid Karić; Blagajnik Bajro Selimović, Drugi Blagajnik: Hama Arnautović; Revizori: Ahmed Blagija, Zejnil Tanović, Hasan Zubčević. Naknadnim ulaskom gospodje Almasa Hairlić, Mehmeda Hairlića, i Ahmeda Majdina ostao je ovaj odbor do danas.

Iako danas cio rad ide gladko, gledajući unazad, sjetimo se na mnoge teške dane. Bilo je mnogo poteskoća i mnogo nesporazuma.

Jedni su nam dobronamjerno savjetovali "uradite ovako," a mi smo, kao bosansko june kad zapre prvim nogama, – pa ga sasijeci, a nečeš ga pomaći, – odgovarali sa "ne" i išli svojim pravcem.

Drugi su bili malodušni i smatrali su ako se ništa nije moglo uraditi kroz pedeset godina, ne može se no danas.

Jedni su opet smatrali, da smo previše mala zajednica.

Na drugoj strani bila je većina koja je pratila naš napredak iz dana u dan. Ako se u jednom tjednu nije koračilo naprijed, već se je govorilo da se ništa ne radi. Njima je rad izgledao prespor. Kao da su htjeli sve ono, što je godinama prošćeno, za dan nadoknaditi. Kad je odbor za kupnju doma malo zatezao i izabirao, neki su se ozbiljno ljutili. Dan 15. Augusta 1956 bio je mnogima najveći blagdan.

Jedan mali ugao u Chicagu pripada nama i mi se nadamo da će biti vjerski i kulturni središte Bosansko-hercegovački Muslimani u emigracije. Da smo do toga mogli doći, zahvalni smo prvo Allahu, ovaj slobodnoj zemlji, a onda mnogim pruženim rukama. U Americi ima mnoge zajednice, koje imaju i sto puta ljepše i skuplje domove, ali je vrlo malo tako malih zajednica, koje su ostvarile ono, što smo mi ostvarili. Kada na 10. Febuara ove godine bude otvorena džamija i škola, mi ćemo se zahvaliti Uzišenom, što nam je dao moći, da otvorimo mjesto, gdje će se Njegovo ime spominjati sa poštovanjem zamolićemo Ga da nam da snage da u dobrom radu i dalje ustrajemo.

Ovaj izvještaj ne bi bio potpun, kada ne bismo spomenuli nekoliko članova, koji su najviše pridonijeli uspjehu društva.

Rahmetli Huso Sarich i Šukrijjah Busulović ne dočekaše dana, kada se je kupio dom, iako im je to bila najveći želja. Molimo Boga, da ih on nagradi za njihov rad.

Umjetnički rad izradjen je po planu ing. Mustafa Hasanagića. On je sam najviše i radio na ostvarenju svoga plana.

Yusuf Jaganić, pored rada u domu najzaslužniji jr medju nama u radu oko imigracije novih izbjeglica. On je bio i šef odjela.

Omar Avdić i obitelj pored obilnog priloga, poklonili su mnogo stvari domu. Omar je najviše radio u domu i sa najviše znanja.

Hama Arnautović je vršio dužnost blagajnika i mnogi je račum platio iz svog džepa. Pored toga on je bio svaki dan na radu u domu i okolo njega.

Smail Baraković nas je mnogo zadužio sa obilnim prilogom i svojom moralnom potporom.

Koliko je zalaganje obitelji Hairlić za društvo, vidi se najbolje iz toga, što su dva člana obitelji članovi odbora društva.

Iako je Safet Sarić rodjen u Chicagu, radio je sa više znanja i elena od onih, koji su rodjeni usred Sarajeva.

Ahmo Balagia je medju onima, koje je rad išao prešporo. Bio je velika pomoć u svakom radu.

Šaban Torlo, Sr. Bojić Osman i Ramo Lejlić nisu imali ni jedne slobodan subote i nedelje otkako je dom kupljen. Šaban je, čini nam se, bio spreman, da sam kupi dom, s tolikom se je žarom zalagao za zajednicu. Osman je došao ljetos ovamo, odmah se upisao u društvo, i čim je dom kupljen, počeo je rad. Ramo je došao u septembru i od prvog dana bio je na radu u domu. U njihovo društvo spada i Hašim Hadžialić. Žao nam je da on neće biti pri otvaranju džamije – pozvao ga je Uncle Sam u vojsku.

Još bismo htjeli spomenuti nekoliko imena članova, čiji se rad ne može izmjeriti sa dolarima. To su: Hašim Šarić, Mustafa Sarich, Ahmed Avdić, Eshref Tulić, Elias Zenkić.

Na koncu donosimo listu darovatelja, koja ni izdaleka nije potpuna. Tako na primjer lista ne pokazuje da je svaka pripredba društva bila unaprijed plaćena po članovima. Kada su društava bile potrebne $3,000.00. Jusuf Jaganić, Šaban Torlo i Džamal Kurstovića pozamiše po tisuću dolora. Lista takodjer ne pokazuje rad onih gospodja i gospode, koji su u Kanadi i ovdje radili oko izmjene naših listića-cigala za dolare. U ovoj listi nisu spomenuta ni imena darovatelja, koji darovaše oko četri stotine dolara. Ili nismo dobili imena donatora ili su darovatelji naznačili N.N. (bez imena).

Ljudske riječi nisu dovoljne da izraze našu zahvalnost našim dobrotvorima, zato prepuštamo njemu da ih on nagradi.

Seid Karić
Chicago, dne 10.2.1957.

IMENA DAROVATELJA

Seid Karić	509.75	Jusuf Habib	101.00
Hasim Šarić	352.00	Suljo Avdić	100.00
Huso Sarić	100.00	Bajro Bašić	100.00
Sulejman Sirri	100.00	Osman Fetahagich	100.00
Mustafa Vehabović	100.00	Džafer Galijatović	100.00
Ahmo Balagia	345.00	Hrvat. Seljačka Stra.	100.00
Suljo Karaica	95.00	Radžo Karabegović	100.00
Kamil Y. Avdić	292.50	Meho Kapetanović	100.00
Jusuf Jaganjac	86.75	Mustafa Kuštrić	100.00
Šaban Torlo	292.50	Edvar Compare	35.00
Ahmet Avdić	83.75	Sadik Vidjen	30.00
Hama Arnautović	228.50	Rev. Ljubo Cuvalo	25.00
Fadil Merhamić	80.00	Nezir Krvavac	25.00
American Muslim	208.19	ŠabanF. Hukarević	20.50
Nurko Gazija	75.00	Hasan Khusar	20.00
Hakija Bećirović	202.00	Dr. Milan Martinović	20.00
Šefik Dreca	70.25	Sejdo Ustavčić	20.00
Smail Baraković	202.00	Zija Ala	20.00
Hasan Zubčevich	69.00	Mrs. Kamil Ahmet	15.00
Kemal Fočo	170.00	Radovan Lončar	15.00
Osman Bojić	60.00	Ahmet Sarić	13.00
Zejnil Tanović	165.00	Albanci Toronto	12.50
Omer Avdić	401.00	Ibro Mahalbašić	11.00
Ante Maltarić	60.00	Ahmet Ališić	10.00
Hašim Mujdić	156.25	Ivanka Bosanka	10.00
Ahmet Busulović	59.00	Ismail Biztekin	10.00
Jamal Kusturica	156.00	A. Hall	10.00
Huso Kadragić	56.00	Ismail Mislioglu	10.00
Mašo A. Hairlić	155.18	John Peloža	10.00
Abdullah Kadrić	145.00	Ibrahim Sabić	10.00
Ahmet Mcjdin	138.00	Sadik Naim	10.00
Bayro Selimović	130.00	Salko Mešihović	55.00
Mujo Avdić	125.00	Hazim Grbić	52.00
Osman Karan M.	125.00	Salko Grebović	51.00
Husein Remekić	121.25	Asim Budalica	50.00
Sukrija Busulović	121.00	Alija Cerimagić	50.00
Fadil Padžić	115.00	Ćamil Ćelebić	50.00
Mustafa Sarić	103.00	Vejsil Gabela	50.00
Mujo Dželilović	113.00	Haim Hadžalagić	50.00
Ibro Ovcina	112.75	Hrvatski republakanski i	
Hasan Sarić	109.25	Hrvatska žena L. A.	50.00

Hrvatsko pjevčko društvo		Zora Lawinsky	11.25
Lisinsky, Cleveland	50.00	Smajo Jakubović	10.50
Hasan Karadžić	50.00	Frank Antić	10.00
Fejzo Lončarević	50.00	Luka Bradica	10.00
Veli Velijević	50.00	Mike Gabrić	10.00
Suljo Nurković	59.00	Mehmed Ahmed	10.00
Omer Nurković	50.00	Robert Poznanović	10.00
Ahmet Tunay	50.00	Dr. Ljubo Spuževič	10.00
Ahmet Joe	50.00	Asim Žunić	10.00
Sulejman Muminov	41.75	Faik Yildizhan	8.00
Fehim Elijazović	37.50	Mijo Krstičević	8.00
Ahmet Crnić	35.00	Ilija Slavić	8.00
Emin Sidkey	30.00	Ing. Milan Šega	5.50
Ismail Bećirspahić	25.00	Ibrahim Kardinović	5.25
Kolonja Hrvta Vitez		Marijan Sušić	5.25
Milwaulkee	25.00	Ing. Mustafa Hasanagić	
Fatima Rašidagić	21.00		112.88
Meho Hebib	20.00	Hajro Ferizović	40.00
Huso Kozlić	20.00	Marijan Ragus	8.00
Omer Tanović	20.00	Safet Sark	6.58
Vejsil Mehmed	20.00	Ferid Mustafa	5.25
Hasan Karadžić	20.00	Joe Narshal	5.25
Ahmet Imamović	15.00	John Altondie	5.00
Petar Zvačić	15.00	Džemal Kusturica	25.00
Matija Lorenc	13.00	Hrvatski club L.A.	25.00

Po $5.00

Joch Antolchich, Brown's Jewel Shop, Čurić Safet, Ferid Funk, Sulejman Gerzić, Jelinek, Nezir Jusufović, Knežević, P. K. Kufria, Marko Matovina, Dušan Pravica, Anna Radić, Marko Šola, Marijan Topić, Nasrulla Murtezoglu, Abdul Halim, Jure Bošković, Ilija Dugačić, Ratko Gagro, Suljo Hadžalić, Obitelj Jerković, Stefan Knoll, Vincent Knaus, Andrija Lorenz, Alex Manias, Fehim Perva, Jure Anna Sinić, Meho Zulić, Anton Varga, Abdurahman Ahmet, John Crnjak, Pero Franković, Jimmy Gajdek, Josip Halavanović, Mijo Jelinek, Anton Klobučar, Slavko Križanović, Obitelj Mihalić, Ante Pavičić, Family of Silvester Petrović, Drago Torma, Vinko Sarić, Karlo Zovko

Po $4.00

Ante Ilić, Obitelj Marković, Marko Pečina

Po $3.00

Obitelj Aničić, Frank Kokol, Milan Rajković, Obitelj Vuksan, Drago Bakulić, Mile Mikulić, Ante Lukić, Obitelj Ursa, Mike Furlan, Josip Mikić, Roy

Po $2.50

J. Periso, Zvonko Bedeniković, Radc Džeba, Jakov Vrkljan.

Po $2.00

Ilija Andelić, Jure Boras, Simo Čustić, Pero Bulumović, Paul Franković, Ilija Hedimović, Drago Jakov, George Kalzenberg, Rade Lončar, Adam Mališ, Ivan Nedelja, Ibrahim Okanović, Francis Persić, Stipo Prajc, Krešimir Salaj, Josip Stojan, Marko Trogrlić, Josip Zakopvić, Bernice Starčević, Stevo Siromašić, Marko Sertić, V. Ante, Borić – Kanada, Filip Paulin, Orlaf Angelus, Stank Bradica, Joze Čalčić, Frank Chiaber, Andro Grahovac, Alexsander Hruby, Ivan Jelavić, Ludevi Konja, Josip Ludvig, Mirko Meheš, Marijan Nosić, Vlado Prpić, Ivan Poljak, Mijo Riter, Vlado Sununac, Ilija Šarovina, Verner, Josip Zaldmir, Rudi Sudac, Albin Šoštarić, Paul Stepec, Luka Zdunac, Carlo Kurtagić, Paško Vukelica, Jozo Bošković, Ilija Gajbrišić, Paul Celinsčak, Branko Franić, Toko Grubić, John Homburger, Braco Jurišić, Anton Kranić, Josip Murat, N. Novaković, Mike Orsag, Anna Paun, Frank Prstec, Matilda Salaj, N. Schafer, M. Škrtić, Ivan Vozilo, Ferdo Zaoral, Ben Strpin, Luka Samardžija, Nako Vaso, Ilija Hešimović, P. Marković

Po $1.50

Milan Draženović, J. Adamez, A. Tokić, Thomas Rukavina, R. Tušek

Po $1.25

B. Perković, M. Carel, M. Brbčić

Po $1.00

Obitelj Kola, Željko Keglović, Ivka Metelka, John Mišetić, Jimmy Pišter, Abdul Halim Jr., Bergman, Tony Čuvalo, Milan Kovadević, T. Lozo, Ivan Metelko, Ruža Orsag, Martin Raguz, Joe Bedek, Marko Banjević, Petar Čerkezž, Jandre Krpotić, Matovinović, S. M. Mišetić, Mirko Putrić, N. Rajković, Peter Butorajac, Stjpan Čuvalo, C. Fudurić, Nikola Gajdr, Frank Ivenić, Vinko Zirovnik, Joe Bedek, Avdo Bašić, C. J. Bailey, Alija Caušević, Sam Čutura, Emina Crnčić, Saadat Hasan, Jelić

Cleveland, Ivan Kutleža, W. O. Martini, S. Michalski, M. Matoša, Vlatko Prpić, C. Peterson, Adee Dedey, M. A. Dolan, B. Finn, D. Golić, Rudi Šega, Saynay, Matilda Šola, Carl Widen, Milan Zuzić, Joshep Grbac, llija Raguš, Ivica Šimać, Drago Bolculić, Begović, Stive Barloyie, Stevo Cm6ki, S. Čolić, Josip Hiltner, John Itkovski, Marko Krpotić, Zvonimir Kutleža, Josip Matoša, Michalich, Frank Mihelin, Marijan Perković, W. Roger, M Dragoša, Louis De Fiee, Ivan Grac, Ivo Šinić, Arif Sarić, Ibrahim Šabić, O. Tonsić, Rev. Vendelin, George Zimmerman, Anton Ivić, Anton Smid, Smajo Tičić, Josie Bingham, Cleveland, W. Bonjas, M. Crus, M. Čačković, Mustafa Haje, Farid Juldi, W. Kussy, Karl Koyačić, Artur M. McKoun, B. Mrkan, Salih Midžić, Tini Pavlović, Z. Rogić, M. Dakić, J. DeFrank, Franjo Gelešić, C. Somes, A. Slancsiokio, B. I. Shaban, Lovro Wolić, Vasilj Milan, G. Leka

Po $75 centi
Paul Prcela, Fuad Halim, M. Chyzy

Po 50 centi
S. Bradica, J. Hajcr, R. Hall, Ahmet Ibrahim, W. Janovski, I. Križanović, S. Kocman, F. Markovich, J. Operheim, M. Parić, Mustafa Čekel, Anna Helder, Mira Yirka, Mike Korzinko, W. Kropp, Ivan Krpa, A. Miller, Vilko Ogrizek, P. Galdina, Adela Čutura, Walter Hranilović, M. Yerković, Marko Karakaš, Mile Kolar, F. Morana, F. E. Maurhofer, Metha Ogrizek, Nick Sudarević, W. Schvemm, Neil Zirakars, Anton Tornić, Vera Šegam, Bosiljevich, Čerciz Gjoci, Nikola Šarić – Cleveland

Po 25 centi
Mehmed Altuni, Hassan Abdellah, O. Bećirović, M. Brozović, Ismeta Crnčić, Courtney L. Walley, Mari Hill, Herbert Habel, Meho Hukarević, Hilda Habel, Enver Šaška, Milton Shultz, Meka Selami, Nick Sudarević, P. Guidice, Safet Ferizović, S. Dizdarević, Ivan Dzeba, John Rajić, Arif Paza, Anton Perković, L. Novosel, Floyd Novak, Franciz Maor, Diko Myrtteza, L. Milelić, Anna Lovreković, Matija Klarić, S. Kowalsky, Šaban Kerim, Margaret Yirka, Zini Alickalti, R. Agaj, Walter Bialek, P. Boganini, Zija Borici, Hans Burger, Cvitković, Hajrudin Gradić, Enis Crnčić, Safeta Crnčić, W. Wagner, Geo Vanich, Katherin Wengebauer, Hatidža Hukarević, Anna Habel, Latif Hukarević, Hillary Habel, Habel Anna, Anton Hozjan, Higment Tela, Daut Šečerbegović, Steve Šeunauil, John Schultz, Daut Šehić, Osvaldo

Stefanini, Ivan Stryill, J. Stadelman, A. Sivet, J. Guldner, Aida Ferizović, L. Fabina, Deman Demiraj, Stepan Dejanović, Anna Doničević, G. Ralasko, J. Ruiz, Ejub Reis, F. Poplata, G. Prcela, Ivo Naglić, Frank Mitoć, Kata Mattar, H. Aziz Merdani, Ded Lulaske, G. Leka, S. Krilanović, Ioni Krpan, Habib Končar, Emil Jakić, Marty Rubinoff, Mrs. Perina, Steve Omčata, Artur Nelson, N. Moneckić, Tade Miškić, Emin Myrteza, Lui Lovreković, I. Land, J. Kus, Rustem Kazin, Carl Yirka

Translation of Articles from
Glasnik: Muslimanskog Vjerskog i Kulturnog Doma

"Naša Riječ Uz Ovaj Broj"
(Our Words with This Issue)[25]

With this edition *Glasnik* enters a new phase of life. Up to now it served mainly as a bulletin of our Home and was read mainly among the members of the Home in Chicago and other cities of America where members live.

With this issue *Glasnik* widens its sphere of activity. Normally, it remains the *Herald* or Voice of the "Muslim Religious-Cultural Home" in Chicago. But, aside from local issues, it will consider the general cultural and religious problems of Bosnian Muslims in immigration. In greater Chicago, the greatest number of Bosnian-Hercegovinan Muslim immigrants can be found. Our Home in Chicago is the only institution in foreign countries, which insists on promoting our religious-cultural life as it was in Bosnia. A fairly significant number of our intellectuals assemble around the Home, and the Home has up to now brought the greatest number of our immigrants to America. Based on that, *Glasnik* has the right to be a cultural-religious organ, not only for the members of our organization in Chicago, but for the whole immigrant community in America.

We rightly expect from our people world-wide to read *Glasnik*, and the more educated ones to participate in our work, if possible.

Some thoughts published in *Glasnik* from some of our correspondents do not represent the official staff of *Glasnik*, nor the Religious and Cultural Home. For those articles, only the concerned writers are responsible.

Glasnik is not concerned with political

---

questions. That does not mean, though, that our word will not be heard, when necessary, as far as Bosnia is concerned. We believe that the problem of our whole existence is concentrated in the cultural understanding and enlightenment not only for us as Bosnian Muslims but of the whole society in which we are living. The part from which we came sadly does not have true liberal traditions. Freedom there is not entrenched in the culture, since the cultural level of that whole part of Europe is quite low. Freedom, which is founded on the privileged position of one group over another group, cannot and must not be called freedom. Freedom is a building; whose foundations are justice and equality.

Justice is a permanent and continuous will, which forces every man and every community to give to every individual and to every group. This right belongs to them through God's and man's law. Love, which is such a popular idea in certain circles, and mutual tolerance, as the inheritance of Monotheistic religions, never found their expression in that part of the world. The historic development of events is taught here in a malicious way, so that the people could be brought to hate each other. No one understood, that if is going bad for my neighbor, eventually it would not be good for me either, even if for a moment, I was profiting on his account. Through schools even, not love, but hatred was being spread; man looked at man as a wolf and not as a human being.

Humanitarian ideas were not developed there, and all liberal revolutions from the west had only a very weak response or none at all. That led to savagery on all sides and to our final suffering. Our striving and desire was to influence people's souls through high and noble humanitarian ideas, so that one man may see in another God's creation worthy of respect and not to do someone else what he wouldn't want to be done to him.

From all the revolutions that we are in need most an ethnically moral revolution, which would give rebirth and wash the disgraced souls.

All our problems can be traced down to one thing: our humaneness. There is no doubt that the soul of our people is great, good and in its essence kind and noble, but these people were corrupted by profiteers, who gained from sowing hatred and malice among individuals, so that they could put themselves into positions of arbitrators. The national hero whose standard would equal that of his calling and time in which we live, still hasn't been born in our part of the world, except for rare occasions, which were silenced over time through Balkan machinations.

Our tragedy lies in a weak and corrupted leadership, who would for its personal interests sacrifice the whole country and its people by pushing them into total ruin. One who burns his neighbor's house cannot be sure that his own house also will not catch fire.

The Bosnian Muslims have great and noble principles, contained in Islam and their national tradition. Our *Glasnik* will support, care for, and promote these principles among the Bosnian refugees. Even though they are spread throughout the world, they still rightly deserve the glorious and ancient name *Dobri Bosnjaks* (Good Bosnians). Sadly, even among us here rabble and weeds and starting to grow upon our field. We will insist on cleaning it. All those who work on destroying our reputation, which throughout centuries remained firm and clear, will be politely warned. One does not trade with a people and a people cannot and must not be sold for money. Who cannot endure the hard refugee life, and sells himself here and there, he completely broke with the proud Bosnia-Hercegovina. We know that misfortune brings a lot of trouble with it, but it is more honorable to suffer like a man and remain within the circle of your community, than to lose your soul, succumb or sell oneself into slavery.

All those who have these principles deeply engraved in their hearts, all those whose soul has risen to the level of a descent human being, all those who see in human their equals, deserving of respect, love, and brotherhood, should join the ranks of readers and associates of *Glasnik*.

Those, on the other hand, who are still sharpening their knives and axes to murder and burn, to flood our country with the blood of our youth, will not be able to understand *Glasnik*, so they shouldn't even read it. We ask that the One who created us all guide them to the straight path, so they may clean their weed overgrown heart and straighten their minds.

HAMA ARNAUTOVIĆ[26]

Hama was born in the town of Bileča, Hercegovina, where his father was a *hodza*. Already as a youth he showed great mental aptitude, so much so that the *kadija* from Bileča wanted to send him on to further his education. However, Hama was by this time already dreaming about America. He left Bosnia as soon as the chance arrived to start a new life in the New World. Following the end of the First World War he gathered that the situation in the newly-established Yugoslavia had stabilized and he returned to Bosnia to live with his parents and his brothers in the city of Tuzla. Nonetheless after five years he had had enough of the life in Serb-dominated Yugoslavia and wanted to return to the United States. When Mehmed Spaho gained entry into the government, Hama was able to get a passport and to return to America.[27]

From 1940, he worked at United Steel in Gary, Indiana until retirement. After the Second World War, he again returned to Bosnia-Hercegovina, but was disappointed by the utter devastation of the land. He returned to America in 1945. After that he dedicated his whole time to the *Muslim Cultural Home* of which he was treasurer for some time. No organizational work could be done without Hama. I remember how he often used to say, "Do it however you want to do it, but you have to do it." He always encouraged everyone to push forward. He would often say that the senior members were not building the

---

[26] Seid ef. Karić, "Rahmetli Hama Arnautović," *Glasnik Muslimanskog Verskog i Kulturnog Doma* III, 1: 5-6.

[27] Mehmed Spaho (1883-1939) was a leading figure in the *Jugoslavenska Muslimanska Organizacija* (Yugoslav Muslim Organization) and represented the voice of Bosnjaks in the first Yugoslavia.

Muslim Cultural Home for themselves, but for the future generations. In May 1958, he left to visit friends and family in Bosnia one final time. However, he became ill there, and his family and associates advised to stay until he got better, but he insisted on returning to the States, even stating that if he were to die, they were to send his body to America. In May 1959, after six-months of illness he died and was buried, as were his wishes in Chicago.[28]

At a time when *Glasnik* wasn't being published, the organization lost one of its most important members, rahmetli Hama Arnautović. With his work, with his voluntary contributions and his words from the beginning of our work, he contributed to our achievement more so than any other member. Rahmetli Hama was of a gentle nature. Only if it was in defense of Islam, or Muslims, he became passionate. We hope that the members will keep pleasant memories of Hama, and that the committee will show their appreciation for one of its founders. We wish Hama what every Muslim wishes for when he is on his way to stand in front of his Creator: to be rewarded for his good deeds, and for the bad ones, if any, to be forgiven. *Al-Fatiha.*

---

[28] He is buried in Memorial Park Cemetery, Skokie, section #21, lot #37, grave #4, *Dzemijetul Hajrije* Muslim part for singles.

Bosnian Language Originals from
*Glasnik: **Muslimanskog Vjerskog i Kulturnog Doma***

PROSLAVA KURBAN BAJRAMA
u subotu dne 28. juna 1958.[29]

Ove godine zapostili smo Ramazan u petak, pa prema tome i prvi dan Kurban Bajrama bit će u petak, dne 27. juna. Medjutim mi ćemo, da bi omogućili što većem broju naših članova klanjati bajram namaz i učestvovati u proslavi i veselju, klanjati u subotu dana 28. juna ove godine. Ovo je dozvoljeno po Šerijatu.

Program:
Klanjanje namaza točno u 9 / devet / sati ujutro, po čikaškom vremenu, ili u 8/osam/ sati po Central Standard Time. Obavještavamo svoje članove, da će namaz biti točno u devet sati, kako je to bilo i prošlog Bajrama.

Zajednički ručak u 11 sati. Za ručak očekujemo, da će svaki član dati svoj doprinos od najmanje dva dolara. Odboru će biti jako drago, ako članovi unapred jednom dopisnicom jave, da li će prisustvovati ručku.

U dva sata poslije podne veselje je djecu. Ovaj put je gospodjica Zarina Sarich preuzela brigu za to veselje.

U osam sati navečer bit će veselje za odrasle sa muzikom.

Mi se nadamo, da ćemo vas vidjeti, kako na namazu, tako i na ovim ostalim priredbama. Onim prijateljima i članovima, koji zbog udaljenosti neće moći biti sa nama, kličemo:

BAJRAM SERIF MUBARAK OLSUN!

---

[29] Karić, Seid ef. (1958). "Poslava Kurban Bajrama u subotu dne 28. juna 1958." *Glasnik Muslimanskog Verskog i Kulturnog Doma* Vol. I, No. 2, (March-April 1958): 6.

Ne zaboravite one Bajrame, koje ste proveli sa svojim ocem i svojom majkom; sa svojim sestrama i svojom braćom. Oni bi više voljeli, čuti da ste mrtvi, nego li da ste zaboravili svoje vjeri dužnosti i krenuli stranputicom!

U NAS SVATKO RADI![30]

Tko god je dolazio u džamiju, vidio je da je džamija čista i u redu. Zato Dom ne plaća ništa. Članovi su sami medju sobom uredili, kad će koji čistiti. To je većinom briga mladjih. Imam pred sobom listu tih članova, pa bih htio iznijeti njihova imena. To su: Remzo Selimović, Zaim Spahić, Meho Kujundžić, Esad Klipo, Mustafa Gladan, Ismet Ablaković, Osman Bojić, Ramo Lejlić, Nezir Felić, Mustafa Čelik, Idriz Ibragić i Šaban Torlo mladji!

Pred Ramazanski Bajram trebalo je oprati prozore. Imamo ništa manje nego šesnaest prozora, a svi su nekako poveliki. Ramo Lejlić, Osman Bojić i Šaban Torlo mladji uzeli su na se tu dužnost. Bilo je prilično teško. Ovamo se posti, a i sunce je plaho udarilo. Ramo se najviše tužio na duhan. Kad je osjetio negdje miris duhana bilo mu je dvostruko teško! Šaban Torlo mladji zamjenik svog oca u mnogim poslovima i mi smo jako sretni da ga imamo u svojoj sredini. Došao je nedavno iz Hercegovine u Ameriku!

---

[30] Karić, Seid ef. (1958). *"U nas savtko radi!"* *Glasnik Muslimanskog Verskog i Kulturnog Doma* Vol. I, No. 2, (March-April 1958): 6-7.

BAJRAM, VESELJE ZA DJECU![31]

Sjećajući se sami, kako smo se veselili Bajramu, kad smo još bili kod kuće i znajući da je Bajram najveće veselje za djecu, nastojali smo, da i naša djeca u Americi što bolje zapamte Bajramske Blagdane!

Odbor je zamolio gospodjicu Adilu Hairlich da organizira proslvu Bajrama za djecu i da im kupi darove. Gospodjica Adila je uz pomoć svoje majke - naše vrijedne članice i odbornice gospodje Almase Hairlich - i uz pomoć člana Mustafe Gladana to lijepo organizirala. Da bi se mogli kupiti djeci darovi, sakupljeno je medju članovima $72.25.

Mustafa Hasanagić	$2.00	Adila Hairlich	$5.00
Sabit Terzić	$2.00	Fevzi Fevzijević	$5.00
Omar Avdich	$2.00	Abdullah Kadrić	$5.00
Jusuf Jaganac	$2.00	Hasim Mujičić	$5.00
Džafer Galijatović	$2.00	Faik Yildizhan	$5.00
Hasan Karadžić	$2.00	Seid Karić	$5.00
Mustafa Dželilović	$2.00	Nezir Felić	$2.25
Ibrahim	$2.00	Zaim Spahić	$2.00
Meho Kujundžić	$1.00	Hama Arnautović	$2.00
Ramo Lejlić	$1.00	Muharem Sarich	$2.00
Ešref Tulić	$1.00	Mustafa Gladan	$2.00
A. Sarich	$1.00	Ismet Ablaković	$2.00

---

[31] Karić, Seid ef. (1958). "Bajram, veselje za Djecu!" *Glasnik Muslimanskog Verskog i Kulturnog Doma* Vol. I, No. 2, (March-April 1958): 7.

POPIS DAROVATELJA ZA GPOBLJA MUSLIMANA U KLAGENFURTU, AUSTRIJA[32]

S vremena na vrijeme primamo molbe naše braće, koja se do dana još nisu mogla iseliti, za materijalnu pomoć. Mi znamo, da je život po logorima težak, jer velika većina i nas samih je prošla tim istim putem. Nažalost, naš Dom kao zajednica ne može u tom pogledu ništa učiniti!

Svaka vjerska i kulturna zajednica ovdje u Americi a i drugdje u svijetu, prima pomoć, pa ne znam kako bog da, ne pomaže pojedince. Mi smo mlada organizacija i mi imamo još daleki put pred nama. Valja još mnogi kutak zatvoriti. Mnogi od naših članova otkidaju, kako se kaže, od svojih usta, da pomognu zajednicu. Nekada, kada vidimo da je potreba zaista velika pojedini članovi preuzmu na se dužnost da sabirnom akcijom pomognu.

Tako se Islamska Zajednica u Klagenfurtu obratila za pomoć da bi uredili i održali grobove i mezare muslimana, koji su umrli za vrijeme rata ili poslije rata. Zalaganjem naših vrijednih članova g. Šabana Torlo i g. Edhema Čerkeza darovali su članovi i prijatelji $131.00.

Edhem Čerkez je sakupio $52.00 ali nažalost nemamo popis pri ruci! Šaban Torlo sakupio je $79.00 koje darovaše slijedeći članovi i prijatelji:

Idriz Ibragić	$5.00	Osman Bojić	$5.00
Abdullah Kadrić	$3.00	Hasanagić	$5.00

---

[32] Karić, Seid ef. (1958). "Popis darovatelja za groblje Muslimana u Klagenfurtu, Austrija." *Glasnik Muslimanskog Verskog i Kulturnog Doma* Vol. I, No. 2, (March-April 1958): 7-8.

Mujo Dželilović	$2.00	Ramadan Zeky	$5.00
Remzo Selimov	$2.00	Ramo Lejlić	$5.00
Fehim Nikšić	$2.00	Ante Maltarić	$5.00
Zaim Spahić	$2.00	Steve Tadić	$5.00
Ivo Jugović	$5.00	Stjepan Bartolić	$5.00
Esad Klipo	$1.00	Marko Medić	$5.00
Sabit Terzić	$1.00		

Osim toga u Austriji darovaše:

Fehim Alihožić	200	šilinga
Adem Delić	200	šilinga
Hasan Siling	100	šilinga
Nežib Begović	100	šilinga
Muhamed Pilav	100	šilinga
Nezir Šubašić	200	šilinga

Ovaj popis nije potpun, jer mnogi prijatelji darovaše od 5 do 20 šilinga, medjutim njihova imena nismo dobili!

Svršetak Predavanja u Mektebu.[33]

Ovogodišnja predavanja u mektebu završena su dana osmog juna. Za godinu dana dijeca su lijepo napredovala. Iako je vrijeme poduke kratko, jedan sat tjedno, mnogi, koji su prije znali samo da su muslimani i da imaju muslimansko ime, sada su lijepo napredovali i dobili pojam o Islamu i njegovoj nauci... Bilo je dijece, koja su nešto znanja donijela od kuće, tako da je učitelju bilo mnogo lakše.

Slijedeća školska godina počinje dne 14. Septembra. Zeljeli bi da se roditelji prije toga datuma obrate na naš odbor, kako bi se posavjetovali o daljnjoj organizaciji. Slijedeće godina djeće biti podijeljena na početnike i naprednije. Osim toga bit će organiziran i jedan kurs na engleskom jezika o Islamu i njegovoj nauci, pa neka se svi zainteresirani pravovremeno jave!

---

[33] Karić, Seid ef. (1958). *"Svršetak predavanja u mektebu." Glasnik Muslimanskog Verskog i Kulturnog Doma* Vol. I, No. 2, (March-April 1958): 8.

Trojica Članova Su Postali Utemeljitelji Doma[34]

Prema našim pravilima utemeljitelji su oni članovi, koji daruju Domu, osim redovne članarine, jednom u životu, najmanje pet stotina dolora.

Od maja mjeseca 1955 pa do danas, trojica naših članova postal su utemeljitelji, a u toku ove godine očekujemo jos veći broj!

Članovi utemeljitelji su: gg. Hama Arnautović, Smail Baraković i Seid Karić.

Hama Arnautović došao je u Ameriku još prije Prvog Svjetskog ra Cijelo vrijeme svog boravka u Amerika radio je na tom, da bi se muslimani Bosne i Hercegovine organizarali i postal jedna od najjačih organizacija na tlu Amerika. Aktivno je učestvovao u radu Džemijet-ul-Hajrijje i neko vrijeme bio njezin tajnik. Od osnutka je bio blagajnikom našeg Doma, a da i ne spominjem mnogo drugih dužnosti koje je obavljao! Ni jedna naša pripredba nije se mogla zamisliti bez njegovog rada i udjela. Nadamo se, da će se brzo povra ti iz Starog Kraja, gdje se nalazi u posjeti svojih milih i dragih jer ga mi nestrpljivo očekujemo!

Smail Baraković je takodjer na čelu naših članova, ne samo po svom prilogu, nego i po svom radu za Dom. I on je došao u Ameriku poslije Prvog Svjetskog rata i bio je uvijek na čela onih, koji su nastojali unaprediti zajednicu. Dugo godina je bio predsjednik Džemijet-ul-Hajrijje u Gary, Ind. I Hama i Smail su penzioneri i njihe prihod nije takav, kao kod mladjih članova; ali je zato njihova ljibav za Islam neograničena i njihov doprinos za Dom vrlo velik!

---

[34] Karić, Seid ef. (1958). *"Trojica Članova Su Postali Utemeljitelji Doma." Glasnik Muslimanskog Verskog i Kulturnog Doma* Vol. I, No. 2, (March-April 1958): 12.

Seid Karić je svršeni djak Gazi Husrefbegove medrese i Šerijatske Akademije u Sarajevu. Došao je u USA 1951 godine. Osnivanje do organizacija rada, kao i sav teret oko upravljanja Doma leži isklčivo na ledjima Seida Karića. Rijedko je naći u našoj sredini tako nesebičnog i toliko požrtvovnog člana naše zajednice, kao što je to Seid!

Untitled essay on Alcohol[35]

Kada vidiš zlo, nastoj ga uništiti djelom.
Ako nemaš dovoljno moći to učiniti,
Ili ako su prilike protiv tebe,
Bori se protiv zla riječima.
Ako ne možeš ni riječima,
Osudi zlo u svom srcu!

Hadis.

Što je to zlo i kako se treba protiv njega boriti?

Definirati ovu riječ, vrlo je teško, jer kod raznih naroda razna su mjerila, po kojem se dobro i zlo mjeri. Mi bismo daleko otišli kada bismo pokušali u ovo par redaka iznijeti sva mjerila zla kod raznih naroda, raznih vjera i raznih položaja u kojima se ljudi nadju sa svojim izborom, a često i protiv svoje volje.

Prema islamskom shvaćanju, moglo bi se reći, da je zlo sve ono, što je haram, to jest sve ono, što su Kuran ili Muhameda a.s. zabranili. Idući kao dijeca u mekteb, nastojali smo naučiti što je dozvoljeno, a što je zabranjeno. Često puta mi to zaboravimo, ili uopće nismo imali prilike to naučiti. Pa iako nismo imali prilike to naučiti, dat nam je zdrav razum, sa kojim možemo dijeliti dobro od zla.

Uzmimo na primjer: alkohol. Učili smo da je po Islamu zabranjen. Ali ne samo da je po Islamu zabranjen, nego nam i naš zdravi razum kaže, da je štetan i da ga se trebamo klonuti. Da jedan musliman uradi prema uputama gornjeg hadisa, treba se sasvim odreći alkohola; s time ništa jedno za usta veliko zlo.

---

[35] Karić, Seid ef. (1958). "Alkohol." *Glasnik Muslimanskog Verskog i Kulturnog Doma* Vol. I, No. 4 (July-August 1958): 1. This is an unsigned article and seems to be a translation, possibly from English or Bosnian article translated from Arabic or Turkish.

Riječima se možemo boriti, govoreći i nastojeći lijepim načinom odkloniti svakog onog, koji se odao tom zlu. Ako nekada riječima ne možeš ništa učiniti, onda to osudi u srcu svom i pokaži da to osudjuješ.

Uzeli smo alkolol kao primjer, jer je to jedno zlo, koje se nažalost ukorijenilo medju nama, i vrlo "pametnih" ljudi, koji dokazuju da rakija nije zabranjena. Prema islamskom imenu, i rodjen je u Islamu, jer dozvoljava ono, što su Bog dž.š. i njegov Poslanik zabranili.

Uzmimo kao drugi primjer: iogovaranje i prenošenje riječi! Ma kojoj vjeri čovjek pripadao, pa bio čak i ateista, zna da je to veliko zlo, kako za pojedinca, tako isto i za zajednicu. Kuran i Muhamed a.s. su naročito ustali protiv toga. Djelom se možeš boriti protiv toga zla, ako sam ne ogovaraš i ne prenosiš tudje riječi. Kadkog ti netko dodje i počne ogovarati nekoga, zaustavi ga i reci mu, da ne želiš to ćuti. Ako je to u nekoj skupini, pa ne možeš ništa učiniti, otidji od te skupine i ne sudjuluj u njihovom grijehu.

Ovo je jedan hadis od hiljadu hadisa koju su prenešeni do nas i koja nas upućuju kako se trebamo vladati, da bismo postali dobri muslimani i dobri članovi ljudske zajednice i da bismo imali pravo nosti ime umnog bića!

TVOJA PRAVA AKO SI ZATVOREN[36]

U prošlom broju donijeli smo neke pravne savjete, koji, po našem mišljenju, mogu dobro doći našim članovima. Kako smo mi većinom novodošli i kako smo živjeli pod utjecajem drugih zakona, smatramo, da je ovo vrlo važno. Nadamo se, da će svaki član dobro prostudirati ove retke i pročitati ih nekoliko puta.

Policajac te može zatvoriti, ako ima naredjenje/warrant/, a nekada i bez tog naredjena.

Warrant je naredjenje sudca, izdano poslije nečije žalbe, a kojim se upućuje policijski službenik da nekoga zatvori. Ako te policajac zatvara na osnovu warranta, on ga mora imati sa sobom i ti imaš pravo da ga pročitaš. Warrant moro da te opiše i mora sadržavati žalbu, na osnovu koje te zatvara. Takodjer warrant mora imati uputu, da budeš priveden pred sudca.

Policajac službenik može te zatvoriti i bez warranta, ako ti počiniš zločin u njegovoj prisutnosti. On te takodjer može zatvoriti i bez warranta, ako je zločin bio počinjen i on je tvrdo uvjeren, da si ga ti počinio.

Ako si ti bio zatvoren nezakonito, ti možeš tužiti onoga, tko te je zatvorio. Ako se neki zločin dogodio i policajac je tvrdo uvjeren, da si ga ti počinio, tvoje zatvaranje nije nezakonito, iako si ti nevin. Ako se ti opireš policajcu, koji misli da si ti krivac, s time činiš drugi zločin: odupiranje zakonitom zatvaranju. Zato je ludo, odupirati se policajcu, iako si nevin!

---

[36] Karić, Seid ef. (1958). "Tvoja prava ako si zatvoren." *Glasnik Muslimanskog Verskog i Kulturnog Doma* Vol. I, No. 4 (July-August 1958): 2-3.

PRAVA KADA SI ZATVOREN

Ako si zatvoren i doveden na policijsku upravu, ti imaš pravo tražiti da budeš odmah uveden u knjigu. Uvesti u knjigu nekoga, znaći da bude optužba zavedena u knjigu zatvora, na osnovu koje netko zatvoren.

Prije ili poslije uvodjenja u knjigu, ti imaš pravo doći u dodir sa tvojim advokatom, koji će te savjetovati i predstavljati pred vlastima. Ti trebaš tražiti dozvolu, da nazoveš advokata ili prijatelja, koji će ti naći advokata.

Kada si zatvoren, imaš pravo tražiti jamčevinu/ bail/. Bail dozvoljava da ti budeš pušten na slobodu, ako je bio položen novac ili druge vrijednosti kao garancija, da ćeš se ti pojaviti na sudu, kad budeš pozvan.

TVOJA PRAVA NA SUDU

Ako si doveden pred sud, zato što si bio optužen, da si počinio neki zločin, imaš mnoga prava koja možeš zahtijevati: Imaš pravo da budeš predstavljen po advokatu, kojeg si sam izabereš.

Imaš pravo da zahtijevaš dovoljno vremena, da si nadješ advokata. Ako kažeš da želiš advokata, a zakuneš se da nemaš dovoljno materijalnih sredstava da ga platiš, sud mora imenovati advokata, koji će te branititi.

Imaš pravo tražiti da ti to dadne pismena optuč nica.

Imaš pravo tvrditi, da si nevin. Ako tvrdiš da si nevin, imaš pravo zahtijevati sudjenje po poroti / a jury trial/.

Ako nećeš na sudu svjedočiti, ne možeš na to biti prisiljen.

Ako ti tvrdiš da si nevin, imaš, pravo zahtijevati od svakoga da te takovim i smatra, sve dok se protivno ne dokaže.

Uvjek nastoj slušati savjet advokata.

ISLAMSKI KALENDAR[37]

Na 26. septembra 1958. godine je Mevlud, dan rodjenja Muhameda Alejhi salama. U većini islamskih zemalja, taj dan se slavi na isti način kao i Bajram. Mi ćemo ga proslaviti koncem oktobra ili početkom novembra.

***

Molimo članove da kad god šalju novac organizaciji putem pošte, neka naznače, u koju ga svrhu šalju. Osim toga neka ne šalju čekove, izdate na pojedine članove odbora, nego neka kupe ček sa oznakom imena organizacije.

***

Na jednom drugom mjestu iznijeli smo popis darovatelja u zadnjih šest mjeseci. Još jednom naglašavamo, da je to samo popis u zadnjih šest mjeseci. Mnogi članovi darovali su Domu na stotine dolara i to je iznešeno u posebnim listama. Osobito se to vidi iz knjižice, koju je Dom izdao prilikom otvorenja džamije.

***

Svima nama je poznato, da je naš član i prijatelj gosp. Hama Arnautović otišao u posjete našem Starom Kraju. Zadržavao se po raznim mjestima Herceg-Bosne, ali najviše vremena je sproveo u samom Šeher-Sarajevu.

Na 4. oktobra ove godine sam prof. Alija Nametak otpratio ga je na željezničku stanicu.

---

37 Karić, Seid ef. (1958). "Islamske Kalender." *Glasnik Muslimanskog Verskog i Kulturnog Doma* Vol. I, No. 4 (July-August 1958): 3.

Namjeravao je nekoliko dana ostati u Beču i onda na 11 oktobra preko okeana u Ameriku.

Medjutim ga je zadesila nezgoda: u samom Beču zadobio je lakši srčani napad, tako da je morao zatražiti liječničku pomoć i prekinuti svoj put na dva do tri tjedna.

Nadamo se, da je našem dragom članu g. Arnautoviću sada već sasvim dobro i da ćemo ga uskoro vidjeti opet u našoj sredini!

Iz Uredništva[38]

Ovim brojem naš *GLASNIK* navršava prvu godinu svojeg izlaženja. Smatramo, da je Glasnik svoju zadaću izvršio da će u buduće biti još bolji. Nastojali smo, urediti ga onako, kako smo najbolje znali i koliko nam je to vrijeme dozvoljavalo. I odbor, koji uredjuje *Glasnik* i naklada MAGNI, nastojali su dati najviše, što su mogli.

Sami urednici znaju, da bi *Glasnik* mogao biti i bolji, ali kako je svaki početak težak, to je i naš početni rad nailazio na poteškoć. Tokom vremena, s Božjom pomoći, nadamo se učiniti još više i bolje.

Vidimo, da je *Glasnik* naišao na vrlo lijep prijem kod našeg članstva i kod naših prijatelja, što nas neobično mnogo veseli!

---

[38] Karić, Seid ef. (1958). "Iz uredništva." *Glasnik Muslimanskog Verskog i Kulturnog Doma* Vol. I, No. 6 (November-December 1958): 7.

Naša Riječ Uz Ovaj Broj[39]

Ovim brojem *"Glasnik"* ulazi u novu fazu svoga života. Dosada je fungirao kao bulletin našeg Doma i čitao se je uglavnom medju članovima Doma u Chicagu i drugim gradovima Amerike, gdje se nalaze naši članovi.

Ovim brojem "Glasnik" proširuje svoj djelokrug, Naravno, on i dalje ostaje organom "Muslimanskog Vjersko-kulturnog Doma u Chicagu, ali pored lokalnih problema bavit će se općom kulturno-prosvjetnom i vjerskom problematikom Bosanskih muslimana u izbjeglištvu.

U Chicagu i okolici nalazi se najveći broj Bosansko-Hercegovačkih muslimana u emigraciji. Naš Dom u Chicagu je jedina naša institucija u inozemstvu, koja nastoji da njeguje naš vjersko-kulturni život kakav smo imali u Bosni. Oko Doma se okuplja prilično veliki broj naših intelektualaca i Dom je jedina naša ustanova, koja je dosada dovela u Ameriku najveći broj naših useljenika. S toga "Glasnik" s pravom može biti kulturno-vjerskim organom, ne samo našeg Doma u Chicagu, nego i čitave naše emigracije. Mi s pravom očekujemo od naših ljudi, diljem cijelog svijeta, da "Glasnik" čitaju, a školovaniji, pored toga, po mogućnosti u njemu i suradjuju.

Mišljenja iznesena u "Glasniku" od pojedinih naših dopisnika ne predstavljaju službeni stav, niti "Glasnika", niti našeg Doma. Za takve sastave odgovaraju samo dotični pisci.

---

[39] Karić, Seid ef. (1960). "Naša Rijeć Uz Ovaj Broj" (Our Words with This Issue), *Glasnik Muslimanskog Verskog i Kulturnog Doma* Vol. III, No. 1, (Jan.-Feb. 1960): 1-2.

"Glasnik" se ne bavi političkim pitanjima. To ne znači da se naša riječ neće čuti u datom momentu, ukoliko se bude radilo o Bosni.

Mi smatramo da je problem čitavog našeg zbivanja usredotočen u kulturno-prosvjetnim shvaćanjima ne samo nas Bosanskih Muslimana, nego i čitave zajednice u kojoj živimo. Onaj dio Europe, iz kojeg mi potječemo nema, nažalost, pravih slobodarskih tradicija. Sloboda ondje nije utemeljena, a razlog je tome što je kulturni stepen čitavog onog kraja vrlo nizak. Sloboda, koja se temelji na privilegiranom položaju jednih na račun drugih, ne može i ne smije se nazivati slobodom. Sloboda je zgrada, čiji su temelji pravda i jednakost.

Pravda je pak stalna i neprekinuta volja, koja nagoni svakog čovjeka i svaku zajednicu da dadne svakom pojedincu i svakoj grupi ono, što im po Božjim i ljudskim zakonima pripada. Ljubav o kojoj se toliko trubi u izvjesnim, krugovima, kao i medjusobna snošljivost, kao tekovine monoteističkih religija, nikad u onom dijelu svijeta nisu našle svoj izražaj.

Historijski razvoj dogadjaja tumačen je ondje zlonamjerno, da bi se ljudi naveli da jedni druge mrze. Nije se računalo, da, ako je mome susjedu loše, da eventualno neće ni meni biti dobro, iako na čas mogu biti na njegov račun privilegiran. Kroz same škole nije se širila ljubav, nego mržnja. Čovjek je u čovjeku gledao vuka, a ne ljudsko biće. Ondje se nisu razvile humanitarne ideje i sve slobodarske revolucije Zapada ondje su imale vrlo slab ili nikakav odjek. To je dovelo do divljanja na sve strane i do konačnog našeg stradanja.

Naša je težnja i želja da utiječemo na duše ljudi u duhu visokih i plemenitih humanitarnih ideja, kako bi čovjek u čovjeku vidio. Božje stvorenje dostojno poštovanja i da drugome ne čini ono, što ne bi želio da se njemu samome čini.

Od svih revolucija, koje su nama potrebne, najpotrebnija nam je etičko-moralna revolucija, koja bi preporodila i okupila zablaćene duše. Svi naši problemi mogu se svesti na jedan: čovječnost.

Nema sumnje da je duša našeg naroda velika, dobra i u biti plemenita, ali su taj narod vodili profiteri, kojima je išlo u račun, da se sije mržnja i zloba medju pojedincima, tako da bi se oni mogli naturiti kao arbiteri. U onom našem kraju još se nije rodio narodni prvak koji bi bio na visini svoga poziva i vremena u kome živimo, osim vrlo rijetkih slučajeva, koji su na vrijeme ušutkani balkanskim makinacijama.

Naša je tragedija u slabom i korumpiranom vodstvu, koje bi za svoje lične interese gurnulo čitavu zemlju i narod u provaliju propasti. Tko pali kuću komšije, neće biti siguran, da se oganj i suviše ne rasplamti, tako da zahvati i njegov dom.

Bosanski muslimani imaju velika i plemenita načela, sadržana u Islamu i njihovoj narodnoj tradiciji. Ta načela će naš "Glasnik" zastupati, njegovati i promicati medju izbjeglim Bošnjacima, razasutim diljem svijeta, tako da s pravom budu zaslužili dični i drevni naziv "dobrih Bošnjaka." Nažalost i medju njima se nalazi ološa i korov je počeo nicati na njihovoj njivi. Mi ćemo nastojati da ga trijebimo. Svi oni koji rade da okaljaju naš obraz, koji je kroz stoljeća ostao čist i vedar, bit će na to uljudno upozoreni. S narodom se ne trguje i narod se ne smije i ne može prodavati za novac. Tko ne može da podnese teški izbjeglički život, pa se prodaje tamo i ovamo, on je s ponosnom Herceg-Bosna raskrstio. Mi znano da je nevolja car mnogoga zla, ali poštenije je kao čovjek se prepati, a ostati u krugu svoje zajednice, nego izgubiti dušu, podleći i prodati se u roblje.

Svi oni koji imaju ova načela duboko usadjena u njihovim srcima, svi oni čija se je duša uzdigla na stepen dostojan čovjeka, svi oni koji u ljudima gledaju sebi ravne osobe, dostojne poštovanja, ljubavi i bratstva, neka se svrstaju u čitaoce i suradnike "Glasnika." Oni pak koji još uvijek oštre noževe i sjekire da ubijaju i pale, da natapaju našu zemlju krvlju naše mladosti, neće "Glasnika" ni moći razumjeti, pa ga ne trebaju ni čitati. Mi molimo Onoga koji nas je sviju stvorio, da ih naputi na pravu stazu, kako bi očistili dračom zaraslo njihovo srce i dozvali se pameti.

UREDNIK

Rahmetli Hama Arnautović[40]

Prije nekoliko mjeseci izgubili smo jednog od najvrijednijih članova. Rahmetli Hama Arnautović, sa svojim radom, riječima i dobrovoljnim prilozima u Bileči, gdje mu je otac bio imam, bio je vrlo bistar pa ga je još kao mladica bilečki kadija htio poslati na školovanje. On je još tada sanjao o Americi i kada mu se pružila prva mogućnost on je napustio rodni kraj i došao u Ameriku. Poslije prvog životnog iskustva u Americi vukla ga je želja da se povrati u domovinu. Odmah poslije Prvog svjetskog rata povratio se kući sa vjerovanjem da će mu biti bolje, te se ja sa roditeljima i braćom naselio u Tuzli. Nakon pet godina boravka zasitio se tamošnjeg života, te kada je rahmetli Mehmed Spaho unišao u vladu uspjelo mu je da dobije pasoš i da se povrati u Ameriku.

Od godine 1940 pa sve dok nije bio penzionisan radio je kod United Steel u Gary. Poslije drugog svetskog Rata, vjerujući da su prilike bolje ponovno se je vratio u domovinu, te kada se je ponovo razočarao, nakon 5 mjeseci vraća se 1954 godine ponovo u Ameriku. Od tada je svoje slobodno vrijeme posvetio Domu, gdje je vršio dužnost blagajnika a pored toga nikakav drugi rad nije se mogao zamisliti bez Hame. Na sjednicama često puta bi rekao "radite kako hoćete, ali vi morate" . . . i te riječi bile su uvijek potstrek da se ide naprijed. Mnogo puta bi govorio da stariji prave Dom i rade za mladji naraštaj.

U maju 1958 oprostio se sa nama da bi još jednom posjetio stare ahbabe i rodbinu u domovini. U

---

[40] Karić, Seid ef. (1960). "Rahmetli Hama Arnautović," *Glasnik Muslimanskog Verskog i Kulturnog Doma* Vol. III, No. 1: 5-6.

domovini je obolio, te su ga prijatelji i rodbina zaustavljali da ozdravi i tek onda da putuje, ali on je uporno insistirao da se vrati natrag u Chicago, pa je jednom napomenuo svojima ako umre da se njegovo tijelo treba pokopati u Chicagu. Poslije šestomjesečne bolesti u maju 1959 ispustio je svoju plemenitu i prema njegovoj želji pokopan je u Chicagu.

Rahmetli Hama imao je blagu narav, ali ako se radilo o Islamu bijaše živa vatra. Mi se nadamo da će naši članovi sačuvati lijepu uspomenu na Hamu, a da će odbor Doma vidnim znakom odati zahvalnost jednom od utemeljaca našeg Doma. Mi želimo Hami ono što se svaki musliman nada, da bude nagradjen od Stvoritelja za dobra djela, a za loša ako ih je imao da mu oproste.

Bosnian Language Originals for articles in the Croatian-American and Yugoslavian Press

Šta drugi pišu?[41]

"Izraz" od prosinca 1939 u Felituou kaže: "Poveden je postupak za Proglašenje Bl. Nikole Tavelida svecem," Između inedu astalog piše:

-- Tko je bio Nikola Tavelic, kakav mu je bio život i rad, o tom je donijela prikaz "Hrvatska Straža" od 9. i 11. XI 1939 iz pera franjevca O. VI. Brusića. Tu se kaže među ostalim:

"Blaženi Nikola Tavelić umro je mučeničkom smrću g. 1391 u Jerusalimu".

"Sitvišno se vodi rasprava o tom, kojoj je struji pripadao — strožioj ili blažoj, kad o čitavom njegovom životu – osim nešto o njegovom mučeništvu – znademo veoma malo, a da ne rečemo ništa".

Isti pisac veli, da je Nikola Tavelić otišao u Jerusalem zato, jer "njegova je svrha bila da bi ondje dobio krunu mučeništva". On je tu svoju želju ostvario na slijedeći način.

Pojavi se on dakle jednoja dana s Donatom iz Perpinjana. Petrom iz Narbone i Stjepanom Lapich, redovnikom korisičke vikarije, pred vratima turske mošeje, koja je nekad bila hram Salamunov, i to u vrijeme, dok su se u njoj nevjernici (sic !) nalazi na molitivi. Ali čim su se onamo približili, odbiju ih odande čuvari govoreći : "Po kojem poslu ste vi došli ovamo u mošeju, kad niste muhamedanci ?" Ali oni im slobodno i bez straha odgovore : "Imamo da nešto veoma važna kažemo kadili, i zato nam se ne smije priječiti ulaz u moseju". Na ovo su se čuvari razgujevili i uhvatili su ih odvukli pred suca njihovog zakona. Ovome su oni pružili pismo, u kojem je bila napisana latinski i arapski ova izreka:

---

[41] Karić, Seid (1939-1940). "Šta drugi pišu, *El-Hidaje*, vol. III, issue 10-11, pages 140-141.

"Zakon Muhamedov le najgori zakon, i nevaljala je njegova vjera, zato propadaju u pakao za uvijeke svi oni, koji ju drže".

Ovako su odali svrhu, radi koje su nastojali ući u hram".

Kadija je dao pozvati preda se oca gvardijana iz Brda Siona i dva njegova brata, kojima je, kad su došli, razjasnio držanje misionara, njegova braće, koji su se usudili ući u mošeju proklinjući Muhameda. Zatim je počeo govoriti: "O kako ste opaki i ludi! Ko vam je dao vlast da tako psujete našega proroka! Neka već jednom svrši to vaša preuzetnost! Dakle ili porecite na okrutnu smrt i na najstrašnije mučiteljima – "dok napokon sam narod nije zatražio, da ih se preda smrti".

Kako se vidi iz gornjeg, kadija im je rekao: "O kao ste opaki i ludi!" Kad gornje čitamo i mi bismo, makar smo u XX. v, potvdili gornje riječi. A ne bismo smo samo mi, nego i mnogi kršćani, ako bi htjeli istinu reći. Ako sam radi gornjeg proglašuju ga svecem, nek batale namjeru, i nek traže dublje razloge.

Čitajući gornje riječi sjetih se da su nekako 150 god, iza mučeničke smrti. Bl. N. Tavelića, Moriskosi, pokršteni muslimani Španije, izgarali na lomači, zato što su se na pr. kupali, ili što je kod njeh naden, kao amajlija, od pradjedova sačavani Kur'an, jer su i to bili znaci "bezvjerstva".

Izgleda, da je kadija, kojega spominje O. VI. Busić, bio civilizovaniji od Španskih inkvizitora, jer im reče "ili porecite ono što ste tekli, ili se pripravite na okrutnu smrt", a Moriskosi nisu se mogli spasiti lomače, tako su najsavjesnije vrš li sve katoličke obrede i krstili se i ispovijedali pred samo spaljivanje. Da je koji musliman rekao prije sto godina gornje riječi samo primijenjene na kršćanstvo, sigurno bi ga spalili iako bi i porekao.

* * *

"Vreme" od 16 decembra 1939, pišući o pokrštavanju muslimana u Nišu, donosi i ovo :

"Kum g. Stamenković je posle toga zajedno sa malčanskim parohom g. Rančičem, koji ima velike zasluge za istrebljenje bezverja u ovim krajevima, priredio banket swim svojim kumovima".

Mislim da neću pogriješiti ako odgovorim na ono "nevjeinici", "bezverja" da je muslimanska vjerska intellgencija uvijek spremna dokazati koje je nje bezverje, odnosno nevjerništvo, pa makar to bilo u stupcima "Vremene ili "Hrvatske Straže".

"Jedna Značajna Hrvatska Publikacija"
A Review of Smail Balic's *Etičko naličje bosansko-hercegovačkih muslimana*[42]

U Beču je izašla iz tiska zanimiva i aktualna studija *Etičko naličje bosansko-hercegovačkih muslimana* od Dra Smaila Balića lektora za orientalne jezika na Visokoj Komercialnoj školi. Pisac ove rasprave je poznat hrvatskoj javnosti po zanimivim raspravama s područja islamske kulturne povijesti u kojima posebno obradjuje kulturni doprinos Hrvata muslimanskom Istoku i utjecaj islama na socialni i kulturni život našeg naroda. Ovaj mladi naš javni radnik se javlja i u njemačkoj i engleskoj štampi, obradjujući razna pitanja sa područja svoje struke (orientalistike). Najnovije njegovo djelo je u stvari jedan brižno i savjesno sastavljen compendium večeg broja naučno ustanovljenih istina o moralnoj vrijednosti "Hrvatskog Istoka". Pisac nam na jedan nematetljiv i human način omogućuje zanimivu "šetnju" kroz čitav niz domaćih i stranih znastvenih djela, u kojima je obradjivana naša narodna problematika i u kojima je zakopano mnogo koje jako aktuelno zrnce istine o nama i našim susjedima. Predmet obrade su dakako u prvoj liniji bosansko-hercegovački muslimamana i njehove moralne osobine. Drugi dio radnje je posvećen analizi tipičnog balkanskog morala, kakav se obrazuje u djelu i misli

---

[42] Karić, Seid (January 28, 1954). "Jedna Značajna Hrvatska Publikacija," *Američkom Hrvatskom Glasniku*, page 6. Karić sold this for one dollar. He also sold other pamphlets and books on Islam and Bosnia to help build a mosque library and for utilities and other mosque expenses. He also dug deeply from his own pockets when the community needed help.

nestalnih i neobuzdanih balkanskih polunomada.

Evo šta o ovoj knjizi kaže jedan ugledan hrvatski intelektualac :

> "S vrlo veleikim intersom pročitao sam radnju *Etičko naličje bosansko-hercegovačkih muslimana,* pa moram reći, da mi se jako dopada. Predmet je jako dobro obradjen i u svojoj suštini jako dobro shvaćen. Osobito je dobro što je pisac kod raspravljanja važnijih pitanja i problema i kod utvrdjivanja osobito važnih i odlučnih činjenica uvijek upotrijebio mišljenje i konstatiranje brojnih autoriteta svetskog glasa, pa se radnji ne može pripisati subjektivan karakter. Nje ninu objektivnost i serioznost podkrepljuje osobito to, što je ogranićena samo na konstatiranje činjenica, pri ćemu nisu izostall ni srpski autori...
>
> "Sve su lijepe i karakterne osobine dobro istaknute i pruženi su antentićni dokazi, da je držanje, socijalni rad i život ovog *duševnog Turčina* bio uvijek protkan ovim lijepim osobinama..."

Radnja je po sadržaju jako bogata i lijepo sistematski sredjena. Ima lijepo logičan redoslijed misli ii dogadjaja. Misli su jedre i uvjerljive "Radnja je tako lijepo obradjena, da joj ne mogu umanjiti vrijdnost ni možebitna podvojena mislenja."

Balićeva knjiga i u toliko ispunjuje jedan zahvalan zadatak što nas upoznaje je s brojnom manje poznatom literaturom i što sadrži mnoštvo citata iz raznih djela, koja u inozemstvu ne možemo skoro nikako dobiti. (Pisac se pri obradi služio svojim još za vrijeme boravka u domovini započetom disertacijom).

Review of Smail Balic's "Islam – njegova nauka i njegov značaj"[43]

Islam – Njegova nauka i njegov značaj. Izdani Muslimanske Biblioteke: Beć, 1954. 50 stranica, octav formata.

U predgovoru pisac kaže:
"Ova knjižica treba biti skro man doprinos budjenju vjerske i moralne svijesti muslimanskih izbjeglica; koji – odsječeni od svojih duhovnih izvora – evo već skoro čitavo jedno desetljeće lutaju svijetom i pišu tužnu povijest onih prognanika, koje jednakom nesmiljenošću taru životne tegobe tudjina kao i pradjedovskim domom i millim i dragim. Muslimanski muhadžiri proživljaju bez sumnje težu sudbina nego druge izbjeglice, jer su prepušteni sami sebi i bačeni u jednu sredinu, koja niti hoće niti može razumjeti sve njihve potrebe, ponajmanje pak potrebe njihove duše i srca...

"...Vjera je još jedino dobro, koje su ovi prognanci sa Serhata i ostale Bosne uspjeti spasiti kroz buru i oranj. Iz toga duševnog depozita crpe utjehu i nadu. Om im je živi komad Bosne, koji nose u sebi. Njemu vrijedi je vremenom toliko izblijedila da ju je djelomično jedva prepoznati. Nu opća, gorljiva, neumitna želja ovih

---

[43] Karić, Seid (October 4, 1954). "Nova Kniga Dra Smaila Balića," *Američkom Hrvatskom Glasniku*, page 4. Karić sold this by mail order for seventy-five cents.

rastepenih sinova Heceg-Bosne i Sandžaka je, da tu vjeru održe, unaprijede i razbuktaju do plemenitog za nosa: Eto ovoj želij i potrebi treba – u granicama mogučnosti – undovoljiti ova knijižica.

"Prikaz islamske nauke, koji je pružen na stranicama ove knijižice, namijenjen je i onim za interesiranim inovjercima, koji iz naučnih, nacionalnih ili drugih razloga žele upoznati islam u praksi i svijesti njegovih sljedbenika.

"Ako ova radnja od musli manske hrvatske emigracije bude prihvacena i studirana s upola onoliko dobre volje, s koliko je pisana, bit će joj svrha ispunjena."

Knjiga je podijeljena na slijedeča poglavlja:
Šta je Islam?
I. Islamsko vjerovanje: u kojem je pored islamskog Creda donešena ii kratka biografija Muhameda (a.s.).
II. Islamske vjerske dužnosti; sa podnaslovima: 1) Očatovanje temeljnog kreda (Kelimel – Sehadet); 2) Dnevne molitve; 3) Post; 4) Godišnji vjerski prirez i druge socijalne dužnosti; 5) Hodočašće. Ovo poglavlje ima najviše arapskih tetova pisanih latinicom i phonetički.
Ne blamo se mogli složiti sa piscem što je unio pitanje kadra (predestinacije) medju osnovna islamska vjerovanja. Kuran o tom kaže: "I nitko neće no siti tudji teret; I da čovjeku nejma ništa više, nego što je zaslužlo." (Pog. LIII: 38 – 39). Pitanje predestinacije ne može se smatrati fundamentom islamske theolgije koliko je ono filosofsko shvačanje staro koliko i čovjecanstvo. U prvim stolječima islama to pitanje nije fungiralo kao jedno od osnova

islamskog Creda. Tek u poznijim stolječima kada je došlo do klasifikacije islamskih nauka dvojica theologa: Ašari i Maturidi dodali su ovu točku osnovama islamskog Creda. Mnogi moderni mislioci islamskog svijeta smatraju to početkom stagnacije islamskog kulturnog poleta.

III. Islamsko vladanje i Islam i moderno doba.

Potreba ovakve knjige osječala se još od početko hrvatske muslimanske emigracije. Nastojalo se je na razne načine tomu doskočiti. Nekoliko puta su izdavane sapirografirane knjižice, ali nijedna nije iznijela sve ono što Dr. Balić nam iznosi u ovoj. Šteta je da prilike nisu dozvolile da se ova tema obradi u većem djelu, jer se osjeca da je pisac nastojao da se što manje reječi iznese što više, što mu je i uspjelo.

Naročito je pohvaliti da je knjiga izašla kao izdanje "Muslimanske Biblioteke," jer je ona imala jaku tradiciju u rodnom kraju i slažemo se sa izdavačem da bi trebalo podpomoči njena nastojanja sa odkupom dosadašnjih knjiga.

Sixteenth and Seventeenth Century Ottoman & Venetian Diplomatic Correspondence Written in Bosančica Script[44]

44 Selections from Seid Karić's Ph.D. Dissertation

Editor's comments
Marica Cunić[45]

It would be thrilling for any European philologist or historian to find in [the] American Midwest the 16th and 17th century Ottoman letters written in *Bosančica* Script. This is what happened to me in fall 1985 when I came from Yugoslavia to Bloomington, Indiana as an exchange Fulbright scholar. I was informed that a well known and loved librarian at the Indiana University Library, Mr. Seid Karich[46], had died not long ago, and left an unfinished dissertation dealing with the Ottoman Letters written in *Bosančica* Script.

His widow Mrs. Hayra Karich shared with her husband the love for the old manuscripts and was eager to see his work published so that, "younger generations may see the old documents and know better their ancestors," as she put it.

Mr. Karich's mentor Professor Gustav Bayerle at Indiana University also encouraged her to do whatever she can to publish the work.

The main obstacle was *Bosančica*, a Bosnian script used in [the] past in Bosnia, now part of Yugoslavia. It is not being used anymore, and not many people know how to read it.

"One cannot believe that a young person would know this old script," Mrs. Karich happily commented after we had met. I was glad to meet this modest and sincere lady, with warm feelings for everyone. She keeps the old Muslim traditions, speaks the Croatian

---

[45] Written by Marica Cunić while at the University of Pennsylvania (Pittsburgh) on January 19, 1987 to Professor Bayerle at the University of Indiana at Bloomington, Indiana.

[46] Transliterated Karić by Bosnian linguists, as Karich by many Serbians, or as Karic by others.

language,[47] and English as well, loves all that reminds her of her husband, that is: Esma and Alaga, their two children, and, among other things, the unfinished dissertation.

Through her memories I have learned that Mr. Karich was not only a very good husband and father, but also a very thorough (and modest scholar); he understood the old language and culture of the 16th and 17th century Bosnia, the *Bosančica* Script, the Muslim's past and contemporary tradition of that region, the Turkish language, script, and culture... It is a real pity that he didn't put all his knowledge together before he passed away.

Professor Bayerle suggested that the work should be published without major changes or editions, because nobody can add anything to it "from within" as Mr. Karich would have done.

So, my task was:

1) to check the transliteration by comparing it with the originals written in *Bosančica*

2) to add the most necessary pieces of information

I have:

a) corrected mistakes in the transliteration (very few)

b) finished the indices which did not have the referring numbers

c) found out Mr. Karich's rules of transliteration/ transcription

d) put down these rules

e) prepared the synopsis for printing (it was already done)

f) mentioned only the number of Ottoman seals

----

[47] Now most would call it Bosnian, but many Bosnians referred to it as Croatian due to historic allegiances between the two nations (especially during World War Two).

or signs (signatures) on each letter without any description

g) [I have] not omitted the letters which had Mr. Karich's remark "NO" because I was not sure what he intended to do with them.

Reading the 84 letters written from the 16th to the 17th century, I found them interesting although none of the greater historic events during that period of Ottoman Rule in Bosnia is mentioned in them. Every letter is a little picture of everyday life taken from different point[s] of view. The whole collection is a nice mosaic, which will catch the eyes of those dealing with the Balkan social history.

The transliteration

All letters were transliterated by Mr. Seid Karich. There were few mistakes in his reading, which were corrected. When he underlines a letter twice it means the new paragraph begins. When he underlines once it means the new line begins. The numbers at the right margin control the number of lines in the original letters.

() brackets have meaning: do not read it, it is only written in that manner due to orthographic mannerisms.

[] brackets have meaning: it should be like this. This is Karich's correction of the reading. Because of his interventions which enable us to read the text correctly — it is not only transliteration, but also transcription.

The old orthography, which belongs to the period we deal with, is not consistent at all. The scribes obviously have followed some kind of agreement, but their letters vary.

Mr. Karich's rules of transliteration are consistent in general (with several exceptions). He did correct the scribes to make sure the word will be understandable or pronounced correctly.

Every letter in *Bosančica* script has its equivalent in transliteration. The table shows how it works. There are many letters that are very simple and usual.

1) If a vowel has an "accent," it means that in the original there is another letter for it. The numbers denote a letter and a line from which an example is taken.

à<e

K(e)rajinà (35, 16), V(a)làhe (35,10) in original it is: Kerajine, Valehe.

ù<o

drùgò (10, 8), eesù mù (11, 9) in original it is: drogu; eeso mo.

ò<u. However, ó denotes only the length.

còviku (5, 16) in original it is čuviku

ó<ω

ód (1,10); óvu izpisaó (1,11); ónizijeh (1,13) in original it is ωd, ωvu izpisaω, ωnizijeh

2) jl and jn are solved as lj and nj respectively: in letter #32 there are many examples. Only sometimes he will leave the inversion: vojliom (14, 9), pozdravjlienie (14,5).

3) The round brackets are used to denote a character which is not pronounced and is used out of orthographic mannerism: V(a)làhe (35,10), K(e)rajinà (35,16) in original is Valehe, Kerajine.

4) The square brackets denote the reconstructed part of a word, which was not written in the original: V[aše] m[ilosti] (10,10), V[ašemu] g[ospodstvu] (45,1) in original it is: V m, V g.

5) Although the words are not separated among themselves in the original letters, Mr. Karich separated them.

6) There are no capitals in the original letters. Mr. Karich introduced capitals for the personal and geographic names as well as at the beginning of a sentence.

7) He introduced the punctuation marks.

8) Both dj and đ are transliterated by dj: zapovidju (13, 23; 20, 8); (dj in the original); Podjosmo (35, 24), dodjosmo, nadjosmo (35, 31), idjući (35, 34), idju (35, 36), dodjoše (36, 29), dodje (1, 3) đ is in the original.

9) Both š + t and ψ are transliterated by št: ištu (32, 22), zašto (76, 29), štono (24, 23-24), pošteno (48, 21), š + t in the original; što (26, 14; 50, 27; 51: 6, 8, 11), pošteno (55, 21), štete (59, 12), poštovanomu (48, 5-6); ψ is in the original.

10) The author leaves different ways of writing the same word: čeneralu (20, 5), zenerala (12, 36).

11) The author leaves unchanged:
č instead of c: čara (20, 13), strič (51, 24), uskoči (50, 36)
ć instead of č: obećajo (20, 10), rećeni (48, 25), odlućite (48, 36), ćuse (48, 30), ćekamo (48, 46), vikovićnomu (48, 9), graćačkoga (61, 4)
c instead of č: zemunickoga (12, 12)
s instead of š: sibenickomu (5, 2; 20, 12), Ali pase (20, 1-2), uzvisenomu (20, 4; 19, 3), lipsa (20, 17), zasto, bise, suriak (25, 8), Sibenika (19, 11), postovanomu, viteske (43, 1), bijase (25, 9).
š instead of s: od naš (25, 3).
z instead of ž: podloznike (22, 29), duzda (20, 14), uzm(n)oznomu (25, 3).

Copies of letters in Bosančica Script:

There are 84 letters copied. There are two sets of copies. Set I was probably made at archives and letters #4 to #9 are missing. Set II is made from the set I and Letter #2 is missing.

The copies of both sets are in order (1, 2, 3 ...). If a letter has more than one copy, it is marked with a letter (a, b, or c) that show the order of the copies of the letters. The number and the mark of the letter are written on the back side of each copy. The numbers are the same with the numbers of the letters transliterated.

There is transliteration of a letter whose copy is missing. (They must have been lost afterwards.)

The Manuscript of the thesis

The manuscript of Mr. Seid Karich has 163 pages containing letters. The introduction consists of 26 pages and pages 14 to 21 are missing. I added a single page of abbreviations, after the introduction. The glossary of foreign and little-known words has 10 pages without my intervention. Index of geographic names has 6 pages. I gave the numbers indicating letters in which the name is mentioned (not the page where it occurs). Index of persons has 7-8 pages. I gave the numbers denoting the letters not the pages in which the person is mentioned. The seals and signs [signatures] are not identified. I only put a remark if they exist and noted how many of them there are on a letter. In the Introduction Mr. Seid Karich mentions some letters and I put its number in brackets so that the reader can refer to it.[48]

---

[48] I have not included the indexes of personal names and geographic places here as they refer to letters that are not reprinted herein and have not been translated completely into the English language (editor).

Introduction
Seid ef. Kadia Karić

The original letters of the eighty-four photocopies included in this collection have been preserved in the Archivio di Stato di Venezia (numbers one through nine) and in the Historijski Arhiv u Zadru (numbers ten through eighty-four). The first three, the Husrev beg's letters, have been kept in the Venetian archives in a folder together with a few Spanish language documents. The Mustafa beg's letters (numbers four through nine) have been preserved in a bound volume in the Archivio di Stato di Venezia together with some Italian language documents concerning relations between Venice and the Ottoman Empire. Letters ten through eighty-four along with many Turkish language documents and other manuscript material have been kept in 138 folders in the Dragomanski arhiv of the Historijski arhiv u Zadru.[49]

It seems that all the letters originally had two folio pages. Because of a scarcity of paper at one time or another, the leaf on which there was little, or no writing was subsequently cut off for the use of the archives.[50]

The letters, except for number twenty-five, were from Ottoman officials to Venetian officials. Number three was written to the doge of Venice and number twenty-eight was written to the Castillians (counts) of Poljica who were the subjects of the

---

[49] For some years after WWII the archive was known by the name of Državni arhiv u Zadru.

[50] Owing to the different historical changes, the documents have undergone during the years of 1409-1945, Zadar (Italian – Zara), for example, was under the Venetian, Hungarian, French, Austrian, and Italian Rule.

Ottoman Empire. Letter number twenty-five was from the Venetian governor general of Dalmatia and Albania to the governor general of Bosnia.

The eighty-four documents in this collection written in Serbo-Croatian are not the only ones found in these archives. The Archivio di Stato di Venezia probably has more documents in Serbo-Croatian, but it would take some time to find them because they are dispersed throughout different collections of this large archive. The Historijski arhiv u Zadru has about 480 letters written in Serbo-Croatian; however, all are not from Ottoman officials. Some letters are from the Christian subjects of the Ottoman Empire. Almost all were written before the beginning of the eighteenth century. The archives in Zadar have a special collection, *Bogišića zbirka*, in which letters related to Omig and adjoining regions have been preserved. The documents from the *Bogišića zbirka* were published by Aleksandr Solovjev.[51] The two archives also have documents that were originally written in Serbo-Croatian but were translated into Italian. The originals were subsequently lost.[52]

Other archives also have Ottoman documents written in Serbo-Croatian. The archives in Split and Dubrovnik, the archive of Jugoslavenska akademija znanosti i umjetnosti in Zagreb and the Staatsarchiv in Vienna, for example, have such documents. The monastery archives in Dalmatia might also have such documents.[53] Archives and libraries outside of the

---

[51] Dr. Aleksandr Solovjev, *Bogišićeva Zbirka Omiskih isprava XVI-XVII veka*, Beograd, 1940.

[52] Cf. Archivio di Stato Venezia. Provveditori Generali di Dalmazia e Albania, numero 504, 505. Also, Historijski arhiv u Zadru, Filza 9.

[53] The Arhiv Franjevačkog Samostana in Zaostrogu has one letter. However, at the time I searched the monastery

Ottoman and Venetian domain occasionally also preserved Ottoman documents in Serbo-Croatian.[54]

The documents in this volume and the published *Bogišića zbirka* are not the only edited and transliterated Ottoman documents written originally in Serbo-Croatian. Franjo Miklošić was the first scholar to publish some of the oldest letters of sultans and the Ottoman officials written in Serbo-Croatian, together with letters of Bosnian and Serbian kings and nobles as well as the letters of the Dubrovnik Republic that mostly were found in the Staatsarchiv in Vienna.[55] Ćiro Truhelka published his most important collection of documents preserved in the archives in Dubrovnik written in Serbo-Croatian in 1911. This volume included letters of *sultans, pashas, sanjak-begs, kadis,* and other Ottoman officials.[56]

Even before Truhelka published his collection, Š. Ljubić edited some documents which he had in his possession,[57] and almost at the same time Franjo Rački issued documents which are still kept in the archive of the Jugoslavenska akademija znanosti i umjetnosti in Zagreb.[58] Later, still other scholars

---

archives, its Turcica had been borrowed from the monastery.

[54] A letter of Husrev beg was recently found in the British Museum and was published. Cf. Ivo Omrčanin, ed., "A sixteenth century document in Bosančica," *Journal of Croatian Studies,* 1970-1971, XI-XII, 160-161.

[55] Fr. Miklošić, ed., *Monumenta Serbica Spectancia Historiam Serbiae, Bosniae, Ragusii,* edidit Fr. Miklosich Viennae: Apud Guilelmum Braumüller, 1858.

[56] Ćiro Truhelka, ed., "Tursko-slovjenski spomenici dubrovačke arhive," *Glasnik Zemaljskog Muzeja u Bosni i Hercegovini,* 1911, XXIII, 1-162, 303-305, 437-484.

[57] Š. Liubić, "Rukoviet jugoslavenskih listina. B. urskomletačke listine," *Starine Jugoslavenske Akademije znanosti i Umjetnosti,* 1878, X, 7-21.

[58] Fr. Rački, "Dopisi izmedju krajiških, turskih i hrvatskih častnika," *Starine Jugoslavenske akademije znanosti i*

published Ottoman documents in Serbo-Croatian so that now about 600 such documents have been printed.

The letters in this volume differ from others that have been published in that: (1) the transliteration is printed for the first time;[59] (2) their facsimiles are included;[60] (3) all have abstracts in English; and (4) numbers one, four, twelve, twenty-two, fifty-one, fifty-four, seventy-six and seventy-eight are fully translated into English. The letters in this collection differ in their form, language and script from the Ottoman documents which were written in the Turkish language.

The originals of letters one through three were written on a six by five-inch single leaves. The originals of letters four through nine and number twenty-five were written on one or two fifteen by eleven-inch leaves. Some originals from among ten through twenty-four and twenty-six through eighty-four were written on two thirteen by nine-inch leaves; however, the majority of the letters from the Historijski Arhiv u Zadru are thirteen by nine-inch leaves.

The Form of the Letters

The letters, except for *penchas*,[61] various signatures and some dates and seals, which are the elements of Eastern style, are written in the Western

---

umjetnosti, 1879, XI, 76-152, 1880, XII, 1-41.

[59] The transliteration of numbers fourteen, fifteen, sixteen, nineteen, twenty-one, twenty-three, twenty-five and seventy-two were previously published.

[60] A photocopy of the letter number fourteen was previously issued. Ćiro Truhelka's *Tursko-slovjenski spomenici* has nineteen photocopies, some only partially photographed.

[61] This and other foreign and little-known words can be found in a glossary at the end of the book.

style. Often, they were sent in answer to letters received from the Venetian officials, or the Ottoman officials would state a problem which they hope to solve with the aid of the Venetians.

Many letters written in the seventeenth century begin with a simple invocatio: "U ime Boga" (in the name of God) (#17),[62] or with the first letter of the phrase: "U" (#10). The letters written by Ali Efendi, the secretary of the Bosnian *defterdars* Musli and Mehmed, begin with the word Allah written in Arabic. (#72, 73)

After the invocation, sometimes simple and sometimes an elaborate salutation would follow. The simple salutation identifies the Venetian official's position without giving his name. Husrev-beg begins one of his letters, "To the illustrious and the mighty and the righteous lord doge a humble reverence and the inquiry about his well being." Another Husrev-beg's letters has a more elaborate salutation, "To the renowned, the illustrious, the distinguished lord doge, the Venetian king, from the pasha, the Bosnian ruler Husrev-beg, the reverence and the inquiry about his well being as a lord" (#3). In the first salutation and throughout the entire letter Husrev-beg does not identify himself; only his seal reveals his name.

The sender and the Venetian official to whom the writing is addressed are fully identified in this kind of salutation: "From us, Ali Pasha, the sanjak-beg of Lika, and Krbava, and Zakrka, and Kotar, to the noble, the exalted, in all very highly esteemed and chosen and deserving all honorable respect and lordly glory, the most illustrious lord, lord Giambattista Grimani, the governor of all Dalmatia and Albania,

---

[62] The number in brackets denotes the number of the letter in the book.

graceful and cordial greetings as to a neighbor and a friend of ours" (#23). This was probably written to impress the Venetian governor, since Ali Pasha mentioned some titles that were not officially granted to him. He was the sanjak-beg of Lika and the other places mentioned as a part of his title were the parts of the. Sanjak; Other Ottoman officials identified themselves simply: "From me, Mehmed beg Atlagić, the captain of Knin" or "From us Mehmed beg Atlagić, the captain of Knin" or "From us, lord Muhamed beg Durakbegović, the sanjak-beg of Krka."

Rarely the salutation is out of all proportions: "From us, Ali beg Kalunferhatović, the captain of Udbina, and from the lord castelan [of Udbina], [and from] other agas of Udbina, [and from] gallant soldiers of Krajina. To the high, well bred and the noble, the chosen, and in all the very highly esteemed and the lordly, the noble honours [and] praise deserving lord, lord graf (count), for good and all in perpetuity graf, of the illustrious doge councillor and-chamberlain, the deserving lord general of Zadar and the commander of all the littoral Krajina and Dalmatia, a reverence, dear, and amiable greetings as to a laudable and a renown lord and a neighbor in Krajina."

The salutation is always polite, but it can be cool when the Ottoman official is dissatisfied with the dealings of the Venetian official or his subjects: "To the highly-esteemed count and the captain of Šibenik reverence and greeting as to a friend and a neighbor" (# 4, 6, and 9).

When the sender was pleased with the Venetian official the salutation exemplified that feeling: "To the highly-esteemed count and the captain of Šibenik a *fond* reverence and *dear* greetings as to a neighbor and a friend of ours" (#7).

The main body of the letters almost always began with "*A po tom*" (and then) or similar phrases. This would be the translation of the Arabic phrase "*amma b'ad*" except that the Venetian governor uses the same word, and the main body of the letters written in the Bosnian chancery before the Ottoman conquest often began with the same words.

The contents of the letters of the Ottoman officials were written in a very polite style. If the sultan was "*čestiti car*" (the righteous czar), so was the *doge*. The Venetian officials to whom the letters were sent were friends and neighbors upon whom one could rely in need. Sometimes the Ottoman officials would chide the Venetians, but that was done in a fine manner: "Know, your grace, that he who comes to rule in Krajina, if he finds Krajina in peace, when his time comes to leave it, he must leave it in peace, and when he finds Krajina in trouble, he must pacify it according to the rule of a laudable and a wise lord."

Mustafa beg, the sanjak-beg of Klis, reproached the Venetian officials in general for their indifference to crimes of their subjects, but he did not reprimand the captain of Šibenik to whom he was writing (#5). Only Ali beg Kalunferhatović was known to be rather rude in one of his letters. He wrote that the governor general of Dalmatia and Albania was a partner of bandits (#51). The ire of Ali was understandable, but he was subsequently dismounted, and his horse was taken away and led to Zadar.

The Venetian governor Girolimo Grimani did not like to receive letters in which disorders caused by the Venetian subjects were discussed, so he sent the *emin* Alaga to Muhamed beg Durakbegović with a request to stop writing about these misdeeds. (#79) The governor had to inform his superior about the writings of the Ottoman officials, and as a rule the letters were also preserved in the archives, which bothered the Ottoman officials also, for when they had to inform the Venetians about something they did not like to put down in writing, they either sent a courier to the Venetians to talk with them or they gave special instructions to letter carriers on what to tell the Venetians.

The letters frequently close with a polite sentence: "Nothing else, May Lord God gladen your Lordship." If the sender asked a Venetian official for a favor, he promised to return the favor: "And if anything is of necessity to you from our side, please order it, and we will serve to it as much as we are able."

Some letters had identifications at their end, especially those which did not reveal the sender's identity in the salutation: "I, Mustafa beg, the sanjak-beg of Klis and Livno, of Croatia and the littoral lands, wrote it in Ostrovica over Skradin." (#7) Another common closing used was: "I, Jusuf aga Besiragic, at the command of your Lordship." (#49)

Very few letters named the place where a letter was written or the origin from where a letter was sent. The address of the letters was the same as the salutation with an addition of the location to which the letter was being written.

The *penchas* (if a letter had one) were usually placed in the middle of letters, but some were placed at the beginning or the end of the letters. Some letters, especially those written by a group of Ottoman officials, had simple signatures in the Arabic script. The majority of these letters, however, were not signed.

Except for informers' letters, all others had a seal. The seal is simple and usually consisted of the name of the sender in the Arabic script. The seals of sanjak-begs were much more elaborate. The seal of Mehmed pasha is elaborate and occurs very rarely. Pictures of a bow, an arrow, and a bird are in the middle of the seal.

Only twenty-one letters are dated, and the dates are placed, with one exception, at the end of the letters. Muhamed Durakbegović is consistent in dating his letters giving *Hijri* dates at the end of his writings. Other letters were dated in various ways. Some writers marked only the day and the month, while some give complete dates using either the Latin or the Croatian names of the months. Some of the undated letters could be dated by the date of arrival to their destination because the Venetian scribes marked the dates when the letters arrived at their destination. In addition to dating these letters, the Venetians also translated many of the letters into Italian or gave short abstracts of their contents.

The Language of the Letters
The language of the letters is a colloquial one - spoken even today by the Muslims and Catholics in Western Bosnia and by Catholics in some parts of Croatia.[63] The dialect of the letters is *Shtokavian*,[64] and the idiom is the *Ikavian*. Few letters written in the *Iyekavian* were influenced by the *Ikavian* idiom.

---

[63] In previous years the language had been known by various names. It was called Illyrian, Croatian, Serbian, Bosnian and Dalmatian, among others. Even now the language has three official names: Serbo-Croatian, Croato-Serbian, and Croatian. The rules for an "official" language did not develop until the middle of the nineteenth century.

[64] The Serbo-Croatian language has three dialects: the Shtokavian, the Kaykavian and the Chakavian. The Shtokavian dialect, considered the literary Serbo-Croatian-language, has three idioms: The Ikavian, the Iyekavian and the Ekavian. The Ikavian idiom, however, is not, recognized as being literary.

The letters written on the territory where the *Chakavian* dialect prevailed reflect the strong influence of that dialect.

The language of the letters is rich and pure with only a few Ottoman words of Arabic, Persian and Turkish origin, and some Italian terms. A few seventeenth century letters, especially those written after 1669, seem to be under the influence of the Turkish language. The writers, to avoid a cluster of consonants, inserted vowels between consonants. Muhamed beg Durakbegović seemed to want to invent in his many letters an artificial language by means of inserting vowels between consonants, by shifting characters and by changing vowels.

Most of the letters were written by the Ottoman officials themselves, though two *defterdars* had their own secretaries. As indicated by their language and script, Omer pasha's letter and three or four others seem to have been written by Christian scribes.

The Ottoman officials who wrote the letters called the Ottoman domain Turkey, and consequently, called the Muslim subjects of the domain Turks.[65] They seem to have forced even the Venetian governor to keep an interpreter for Serbo-Croatian, in addition to an interpreter for Turkish.[66] Why did they use Serbo-Croatian in their letters and especially why did they use the language during the seventeenth and later centuries?

Some writings of authors of later times answer this question. In the fifteenth and the sixteenth centuries many documents were written in Serbo-

---

[65] In the Balkan Peninsula, the word "Turchin" denotes both a Turk and a Muslim. "These were 19th century ideas. Perhaps there were other reasons in earlier times" (Maria Cucić, 1993).

[66] See letter number 25.

Croatian even in the sultan's chancery.[67] Mustafa Bašeskija (ca. 1732-1829) wrote a chronicle of his days. He claimed that the Bosnian language is richer than Arabic, Turkish, or Persian. To prove that, he argues that the Bosnian language has forty-five expressions for the verb "to go" and the Turkish language had only one.[68] Matija Mažuranić, a brother of the infamous Croatian poet and the Viceroy of Croatia-Slavonia, visited Bosnia in 1839-1840 and found that:

> "The real Turkish language is heard less in Bosnia than in Serbia, because merchants in Serbia consider Turkish a cultivated language, and for that reason every townsman speaks Turkish. And there are in Sarajevo many agas who know Bosnian only. Although the pasha of Sarajevo knows Turkish well, in addition to Arabic and Albanian, he nevertheless does not like anybody speaking Turkish in front of him. If somebody tells him something in Turkish, he always replies in Bosnian and then says: 'that our glorious Bosnian language is more beautiful than any other language in the world.'"[69]

---

67 See both Fr. Miklošić, ed., *Monumenta Serbica* and Ćiro Truhelka, ed., *Tursko-slavjanski spomenici.*

68 Mula Mustafa Ševki Bašeskija, *Ljetopis (1746-1804), Prevod s turskog, uvod i komentar Mehmed Mujezinović,* Sarajevo, "Veselin Plaslega," 1968: 15.

69 [Matija Mažuranić], *Pogled u Bosnu, ili kratak put u onu krajinu, učijen 1839-40,* po Jednom Domorodcu, U Zagrebu: Troškom i tiskom kr. pr. ilir. narodne tiskarne Dra. Ljudevita Gaja, 1842: 54.

The Bosančica Script: History, Orthography, and Development[70]

In the National Library, a letter from Mayor Stipetić of Zavalje to Mustay beg Kulenović describing theft of cattle has been preserved.[71] The letter is unique in that it is a sample of Bosančića script written with local Bosnian regional differences. The forms of the letters are written differently than are letters in Serbian Cyrillic. The letter is clearly written, and its characters are written as individual, disjointed letters. The writing is understandable even with its stylistic flourishes and differences. It is written in the Ikavian dialect, but some Ekavian elements exist in the text.[72]

Truhelkina's concept of Bosančica is that it is not the same script as Ćirilica nor is it a script of Slavic origin. This idea was drived from Croatian historians but was not widely accepted. He assigns the position of a unique script to Gloglilica, which he characterizes as "the only Slavic handwriting." This handwriting was not of sufficient utility for everyday

---

[70] This section of the Dissertation, pages 14-21, is missing and the notes for this section are from those missing pages. The text was reconstructed from passages referenced by Karić in the footnotes. The numbering of the footnotes in Karic's introduction doesn't follow those in the manuscript text of the Dissertation above since handwritten marginal notes were put in as footnotes when I added all the revisions to the manuscript written by Seid Karić and Marica Cunić. (Editor)

[71] Zavalje is a village south of Bihać between Bihać and Kulen Vakuf in the borderland area between Bosnia and Croatia where the lines between nations and people frequently shifted. (Editor)

[72] From an unpublished 2010 translation from German by Ilhelma Duro of Chicago of Christian Alphonsus Van den Berk's article, "Eine Variante der Bosančica" in *Orbis scriptus Dmitrij Tschiz-evskij zum 70. Geburtstag*, München, Wilhelm Fink Verlag, 1966: page 95.

usage. Because of this, Ćirilica and Bosančica have developed in Bosnia. Neither of these scripts is of Slavic origin but from letters of the Greek alphabet which were adopted or modified for usage with Slavic languages. Lapidar (letters inscribed upon tombstones) can be seen in both the Ćirilica and Bosančica scripts. However, there are some localized differences between script used in Eastern and Werstern Bosnia.[73]

The main differences between the scripts can be found in cursive handwriting because Ćirilic letters differ from Greek letters since they adopted some Latin letters also, while Bosančica handwriting remained closer to the Greek letters. This was especially true when Ćirilic became stabilized as a script with the development of literature and printing. Bosančica, however, remained a dialect of the common people without developing an extensive literature. He even questioned whether Bosančica would continue to exist as a distinct language and script (which it has not done).[74]

Tentor accepted it as a separate script from Ćirilic which he held had a seperate origin. For his part, Tentor argued that it was developed from Glogalića and that Bogomils and Catholics gradually developed the Old Slavic Ćirilic into a new script called Bosančica. He also thought the regional differences in Hum were over emphasized, while Rauker opposes the views of both Truhelkina and Tentor.[75]

Karadžić, the father of Modern Serbian

---

[73] Tomislav Raukar, "O problemu bosančice u našoj historiografiji," in *Simpozijum Srednjovjekovna Bosna i evropska kultura*. Zenica: Muzej grada Zenice, 1973, 107.

[74] Tomislav Raukar, *ibid.*, 107.

[75] Tomislav Raukar, *ibid.*, 107.

Literature, also discusses Bosančica starting with the usage of Bosnian spelling books (for children just learning to read). The Bosnian Spellers differ from those used in Serbia and they could not be understood without instruction in the unique Bosnian language and script.[76] Karadžić used examples of the letters sent by the Bosnian aristocrat 'Ali-paša Stočević to the Montenegrin ruler Petar Petrović Njegoš which had additional letters and words that differ from Serbian.

The Glagolitic script (Glagoljica) is of an unknown origin. According to some scholars, it was invented by Saint Cyrill in the ninth century. "At first sight, the script resembled more closely the Coptic and Armenian Alphabet than any other European script." The script was in use in both Moravia and Macedonia, and for an extended period of time remained in use in Croatia.[77]

However, over time it proved insufficient for daily use. It was artistic in nature and beautiful for epigraphs but was not of proficient utility for regular usage. It did not have a cursive form and so it's utility for non-monuments helped developed the Bosnian form of Cyrillic. Neither the Glagolitic nor Cyrillic scripts are original to Bosnia. Both borrowed letters from Greek and adopted them to usage with Slavic language. Overtime local differences developed in the east and west of Bosnia and Croatia. Eventually, Cyrillic became distinct from Greek and adopted elements from Latin alphabet especially in its cursive form. However, Bosnian Cyrillic kept many of the elements from Greek. The difference has fossilized when Cyrillic created for itself literature, and the

---

[76] Vuk St. Karadžić, *Primjeri srpsko-slavenskoga jezika*, Beč, 1857: page 31.

[77] See Josip Hamm, "Glagoljica," *Enciklopedija Jugoslavije*, Vol. 3, page 462.

forms for certain letter were fixed so that they could not be freely changed. Bosančica remained for only domestic use without developing a literature. Therefore, the script changed with the writer.[78]

Bosnians and Dalmatians are different from Serbs because they use Bosančica and it differs from Serbian Cyrillic. Bosnians and Croatians write in folk or vernacular language, while the Serbians write using the church or liturgical language. Nations have reluctance to change faiths and alphabets, so this is not a unique situation. Even prior to the Turkish conquest of Bosnia, the Bosnian and Dalmatian people used the Bosančica script widely. When the Turkish rule came to Bosnia, Serbian Cyrillic began to slowly encroach upon the areas where Bosančica formerly held full sway.[79]

Bosančica is the alphabet used by Bogomils and Muslims in Bosnia and by Croatian Catholics in Bosnia and surrounding areas. The alphabet was developed slowly overtime as a derivation from the old Slavic Glagoljica script. Religion can be one of the greatest influences upon a people's choice of alphabet since scriptures and religious writings and ceremonial prayers and other rituals may require a special script, such as Arabic, Coptic alphabet in Egypt, Church Slovanic, and Cyrillic scripts.

This script differs from that of the Serbs, Croats, and Bulgarians. In the Bosnian language in that region is independent from the other script

---

[78] Ćiro Truhelka, "Bosančica (Prinos bosanskoj paleografiji)," *Glasnik Zemaljskog Muzeja u Bosni i Hercegovini*, 1889, I: 4, 66.

[79] Mate Tentor, "Bosančica," in Krunoslav Draganović [et al], *Povijest hrvatskih zemalja Bosne i Hercegovine od najstarijih vremena do godine 1461*, Sarajevo: Izdalo Hrvatsko kulturno društvo "Napredak," 1942. Vol. I: 825.

because signs were created to represent sounds unique to Bosnian. Bosnia as a state was a separate cultural and religious intity and the same is true of the Bosančica script, but the Croats to the North (Keglevići) and South of Bosnia (Split, Poljica, Makarska, and Brač) also used the script in correspondence.[80]

There is no reason to distinquish it with a regional name according to Petar Kolendić because it was used across all regions where Serbs lived. An even more unsuitable name, Bosnian-Croatian Cyrillic, was used by Ivan Kukuljević. Another name, Bosnian Glagolitica, was coined by P.A. Cerku.

Petar M. Kolendić argues that Bosančica can not be properly called anything but a version of Serbian handwriting and that Bosančica and Bosnian Croatian Cyrillic are inappropriate names for it. He cites prior Russian, Serbian, and other historians and linguists to support his thesis. Kolendić's research allows for the name Bošniac for the people, but not the language. However, he does not allow for the existence of a separate language since he saw Bosnian as a form of the Serbian language. This is the case whether the language is in Cyrillic or in Latin transcription.[81]

A very useful resource for samples of Bosančica is the *Libro od mnogijeh razloga*. This work is an anthology compiled from five different anonymous writers that used the Bosnian Cyrillic (Bosančica script). The alphabet was used by all three religious groups (Orthodox, Muslims, and Catholic) until the 18th century in Bosnia, Dalmacia, and parts of Croatia.

---

[80] Mate Tentor, "Bosančica," *Hrvatska Enciklopedija*, III, 97.

[81] Petar M. Kolendić, "Bosančica, 'bosanskohrvatska 'Ćirilica' i Dubrovnik," *Bosanska Vila*, 1904, XIX-XX, 349-351.

From the 18th century the usage was limited to Bosnian Catholics and Muslims, but by the first half of the nineteenth century the Catholics bowed to the pressure of the Catholic Church and adopted the use of the Latin script called Latinica.[82]

There are scripts used from religious times and other for everyday communications. The one used for everyday life is most often called Bosnian Cyrillic or Bosančica. However, some writers claim that this name from the script is inappropriate because they assert that the origins for the script lie beyond the borders of Bosnia since it was not used just within the confines of the Bosnian state. At one time, the script was widely used until the Catholic Church and the Orthodox Church encouraged Serbs Orthodox and Catholic Croats to adopt Serbian Cyrillic and the Latin Script for both daily and religious usages.[83]

The Yugoslav Academy based in Belgrade was destroyed by the Nazi attack on Serbia on April 6, 1941 and many valuable historic books and texts warehoused there were destroyed. Luckily, a portion of the Academy was located in Zagreb, Croatia and rare 12th century manuscripts written in Bosančica from Dalmatia, Dubrovnik, and the Poljica area were preserved. Most of them are of a religious nature, but a few dealt with medicine, dictionaries, law, and

---

[82] *Libro od mnogijeh razloga: Dubrovački zbornik od god. 1520*, uredio Milan Rešetar, Sr. Karlovci: Štampano u Srpskoj manastirskoj štampariji, 1926, (Zbornik za istoriju, jezik i književnost srpskog naroda. I. odeljenje. Spomenici na srpskom jeziku, knj. XV), xii.

[83] Milan Rešetar, *Dubrovački zbornik od god, 1520*, Beograd, 1933. (Srpska kraljevska akademija, Posebna izdanja, knj. 100), 122. For furthrt details see: B. M. Nedeljković, "O 'Bosančici,'" *Prilozi za književnost, jezik, istoriju i folklor* XXI, 1955, 271-84, and Mladenović, A. "Prilog proučavanju razvitka naše ćirilice," *Književnost i jezik* XII, 1965/3, 53-66.

literature.[84]

There was a researcher that came to the Yugoslav Academy prior to World War Two and found the archive to be disorderly and catalogued the manuscripts. He found 18th century texts written in the Western portion of Yugoslavia in the special script called Bosančica. The script developed during the Bosnian Middle Ages as a form to use for everyday writing called *brzopis* (fast writing). It was canonized by printing in the Milan Republic by Matija Divković in 1611.[85]

The Bosnian King Tvrtko's *Povelja* (Charter) from 1366 and three documents from the fifteenth century are all that the Academy possesses from Bosančica texts. Berčić called the texts from Western Yugoslavia Bosančica. He defined three types of Bosančica: the Dubrovnik type, Bosnian, and Poljički. From the 15th to the 16th century the oldest text is the Poljički Bylaws.[86]

In the Cyrillic family of alphabets, a special place is reserved for the Bosančica script. In Split, Dalmacia, the Catholic priests used the Glagoljica script for religious ceremonies, but in the everyday life they used Bosančica. They considered both alphabets as national alphabets and protection from the Latin alphabet used by others in the Catholic Church. The name of the script was called Bosnian Alphabet, Croatian Bosnian Cyrillic, Bosnian Dalmatian Cyrillic, and Bosnian Cyrillic depending upon the national origin of the writer studying the script.[87]

---

[84] Vladimir Mošin, *Ćirilski rukopisi Jugoslavenske akademije*, Zagreb: Jugoslavenska akademija znanosti i umjetnosti, 1955, page 1.

[85] *op. cit.*, p. 10.

[86] *op. cit.*, pp.13-14.

[87] Benedikta Zelić-Bučan, *Bosančica u Srednjoj*

In medieval Bosnia and Hum Cyrillic writing on monuments became the basic for the development of Bosančica during the 16th to 18th centuries. The Stećci and Bosnian documents contain common characteristics that differ from Cyrillic forms developed in other territories. The writing used there was called *brzopis* (quick writing). This form replaced the early miniscule (*ustav*) form used by scribes over time and it differed from other Cyrillic script in its simplicity and it being modified by scripes from a standard form of writing. Overtime the Cyrillic alphabet used in Bosnia, Dalmatia, and Croatia became known as Bosančica. Its morphology, orthography, and linguistic usages were similier than that used in other areas. This form was introduced into Bosnia by the scribes of Tvrtko I (1376-77).

The stećci in the Hum area in the 14th to the 16th centuries were not limited to the mainly Biblical texts that were used in manuscript texts. It came from everyday usage of the people in the Hum area. Western Cyrillic's greatest development in morphology and orthography was in the 15th century. The script on the stecci was even simplified.[88]

This short survey of the Bosnian documents and stećci (monumental tombstone) inscriptions by Rauker shows that Bosnian Hum Cryllic in the late middle ages had similar morphology, othrography, and linguistic usage. This was the result of the power of Bosnian culture rather than outside pressures. Bosnian writers molded their Bosnian miniscule script into a unique literary form.[89]

Stjepan Ostoje renewed the script through its official usage in diplomatic correspondence and in

---

Dalmaciji, (Prilog 3. svesku Historijskog arhiva-Split), 7.

[88] Tomislav Rauker, "O problemu bosančice...," p. 121.

[89] *op. cit.*, p. 123.

governmental documents. As a whole, Bosnian documents from the late 14th and early 15th century follow the form of Raškian (Serbian) documents. An example can be seen in the Charter of Vladoje. Besides this, the signatures and the ornamentation on official documents were put in Rašku *arengu* (signates), while real Raškian diplomatic miniscule and Raškian graphic and linguistic system were abandoned. Characteristics of a unique Bosnian Cyrillic literary form, especially that shown on stećci, became more widely used on official documents during this period.[90]

The rare 17th century Bosančica texts have specific grammar rules that make them unique and different from the writings in other related scripts. In these texts you can find the beginning of formal Bosnian Literature and rules for grammar and rhetoric. The *Panzornijive Constitution* from the 1620s is a clear example of the formal start of Bosančica grammar and Literature.[91]

Conclusion[92]

In conclusion, the Cyrillic script which was developed in the sixteenth and seventeenth centuries in Bosnia (and in the regions to the south and west of Bosnia) and was utilized in this area until the end of the nineteenth century. By the middle of the nineteenth century the script became uniformly known as Bosančica, although it had been known by various names since the sixteenth century. The script acquired that particular name because of two specific reasons. one reason was the was the fact that the

---

[90] *op. cit.*, p. 125.

[91] Vladimir Mošin, *Opis rukopisa....* p. 14.

[92] Pages 14-21 are missing, and the conclusion is page 22 in the manuscript of the Dissertation.

script had special paleographic features, and the second, the most important scribes who wrote Bosančica script used the pure colloquial language spoken in those regions which bore no resemblance to the Church Slavic language. Although the Cyrillic script used in Bosnia before the sixteenth century did not differ paleographically from other Cyrillic scripts, there are scholars who have called that script Bosančica, because scribes used the colloquial language spoken in Bosnia in these writings. The majority of scholars accept the view that Bosančica is a special Cyrillic script; however, there are still many academicians who deny that it is having any specific character.

Abbreviations
A.S.V.R.R.: Archivio di Stato di Venezia
            Raccolto di Documenti Slavi
            Raccolto di Documenti Spagnoli
A.S.V.S.   Archivio di Stato di Venezia
            Secreta Materie Miste Notabili
H.A.Z.D.   Historijski Arhiv u Zadru Dragoman

English Translation of Selected Bosančica Letters

Letter One
1521-1541[93]

Husrev-beg, the sanjak-beg of Bosnia to the doge.

To the illustrious, mighty and honorable lord, the doge, a humble obeisance and inquiry about health.

You may know that the decree of the sultan and of your lordly grace, concerning counties and villages that had been taken by the subjects of the righteous sultan from the servants of your lordship, was brought (to us) by your principal servant, the captain. Therefore, we went through those villages and the counties mentioned in the Sultan's (and your decree) and we found that many villages had first belonged to the subjects of your lordship. As soon as we found that the villages had belonged to your subjects, so we wrote to the Porte, to the righteous sultan. We could not return the villages [to Venice] since a scribe from the Sultan's Porte came and registered all the Sultan's land ... he also registered these villages of your subjects. He collected the Sultan's tribute from the people who live in these villages and distributed the villages to the Sultan's timar holders. Therefore, it is not possible to clear up this matter until the sultan gets the report, since we cannot conclude any deal without an order of the righteous sultan. However, whatever we were permitted to do, God knows, we did not spare ourselves, as you will be informed by the servants of your lordship.

May God increase your sway for many summers and years.

---

93 Archivio di stato di Venezia. Raccolta di documenti slavi. Raccolta di documenti spagnoli, 1613-1737.

Letter Four[94]

      Mustafa beg, the sanjak-beg of Klis, to the count of Šibenik:

      To the highly esteemed count and captain of Šibenik reverence and greeting as to a neighbor and a friend.

      Let it be known to your grace that I received your letter in which letter I understood all what you wrote to me about sheep and cattle and the activity in the neighborhood during the peace. It is not my wish that those disorders be done. You are responsible for them. These things our subjects do not do, unless they are bandits, and to an evil man everybody is in debt. [Those] must be people from other lands. When a crime has already been committed, we are not able to do anything about it, just as you are not. And I, since I came here, have not fallen short of doing every justice and acting with good judgment. I was affectionate as no other sanjak-beg and returned so many children, horses and people to Zadar, to gibenik, to Trogir and to Split. That was all in vain. Since I came here, a thousand of the sultan's subjects were captured. You said that the *uskoks* caused that. That I will also accept. However, plunder was done as never before. Why is the whole of your Dalmatia unable to catch one single *uskok* and kill him? What was plundered you know better than I. I have no peace because of complaints, and you want to set the whole world afire with empty letters and words because of a sheep. In reality, that is nothing. Our subjects were led by *uskoks* past your cities, assisted by your subjects who also transport boats, and the *uskoks* eat and drink [at

---

94 Archivio di stato di Venezia. Secreta materie miste notabili. Busta 26-27, no. 126-137.

your subjects] homes as much as they wish.

As for your saying that the sultan and the king (of Austria) made peace: When *uskoks* come from our parts we never write a letter to you, only when they come from your parts, because, it seems to me, the plunder is not done justifiably. If ours do not plunder, yours are plundering. You promised that you would protect the sea – then protect the sea. We made a treaty about that, and your treaty is faring well and you are protecting well. That protection has caused Senj to be filled with the sultan's subjects – it could not be worse. The situation is not good. It would be better if there were a war. Then it would be known how to protect [the domain]. But, believe me, I shall try to protect the sea and the dry land to find out whether you would be able to see our boats and villains as you saw those from Senj. When our men run in pursuit of *uskoks*, yours are in front [of *uskoks*] with guns and halberds. Such is your peace, and your neighborliness, and your assistance, and your benevolence. You accuse the uskoks and the villains, and we accuse them also. You are not able to do anything against them, and we are not either. Who is not able to protect and defend himself, what can we do for him? I am telling you, you are not acting right. But whether you are right or wrong we are going to do the same.

I have much more to write, but this year all of Dalmatia was not able to rectify the deeds of one single criminal. Nothing else, may God gladden you.

Send these letter carriers infrequently.

I, Mustafabeg, the sanjak-beg of Klis.

Letter Twelve
May, 1621[95]

To the very noble, chosen and illustrious Mr. Belegno, the governor of Zadar, the count and the captain of the <u>return</u> of Zadar, and also to the new governor, the general of cavalry, who will arrive:

So, governor, and count! We heard that your lordship arrived. Welcome to the border. Know, your grace, that he who comes to rule in Krajina, if he finds Krajina in peace, when his time comes to leave it, he must leave it in peace, and when he finds Krajina in trouble, he must pacify it according to the rule of a laudable and a wise lord. For that reason, your grace should know that on the border of Vrana and Biograd, the people from Beograd killed the deserving <u>subasi</u> and the house steward of Halil aga during a sound peace. And then on the border of Zemunik and the border of Draevac a few nights ago, when the farmers grazed their oxen, the people of Dracevac, wanting to steal oxen, killed a man from Zemunik. Without any permission, they are cutting trees in the grove of Zemunik and ruining the grass with their livestock. Moreover, they utter the shameful words that they are going to cut all trees in the grove of Zemunik in order to see women of Zemunik walking around, and they utter other words impossible to listen to, nor to endure. Then, your horsemen killed the subagi of the captain and a serf.... On the border of Policnik and Grusi, the people of Grusi, Policnik and Ljubac are ruining the groves and the grass. And on the border of Islam, Ražanac and Novigrad two heroes were killed. There was not another knight in the whole of Krajina such as one of them named Memija Kojadivić...

---

95 Historijski arhiv, Zadar. Dragoman. Filza 97-17.

Last winter, troops came from your sea and took so much livestock (property), killed and lead men...

There are so many antagonizing and contradicting matters against our men who go to your towns. Our best knights are shamed. Also, that occurs now what never happened before. When our men to over to your city, they go like women, without any arms, because they find no place to leave them and nobody there wants to accept them. Even when your soldiers accept their arms, they ruin them completely.... Besides, they required a gate toll.

All the troubles mentioned above happened in the time of the general Antonio Barbaro and the governor Zuan Cornaro. We have explained these sorrowful happenings to the lords in Constantinople, to the vizier of Budim and to the pasha of Bosnia, and we are waiting replies and orders from their graces in order to know how to act. Know, your grace, we swear by our faith and by lord God, we cannot stand this anymore. For that reason, we are asking – our grace whether your grace will respond and render justice.

The named Mr. Barbaro and Zuan Cornaro terminating their rule on the border went off sweet talking and making nebulous promises that they are going to render justice. So, the general went off, and so the governor intends to do, and the innocent ones may be held responsible for their dealings. The Venetian lords may say that those two knew how to rule Krajina and the border, but never was there so much evil and so many disorders as during their time.

It is necessary that your grace examine all this in order that peace and goodwill remain among us and in order that evil does not increase. All that we wrote about will be found to be true. Therefore, it is necessary to wash away this dirt. It would not be right for you to claim that all this happened during the rule of the previous lords. That could not be endured or tolerated.

And, then, although your grace just came, it happened suddenly on the road from Sukogani that you met two villains of yours and one of ours. One of yours fled, and the second one was apprehended with our villain. The one of yours who is in our hands is so guilty and has committed so much evil. These criminals were the reason that two men were killed near Sukogani as was mentioned above in this letter. That is the truth. He (the one who was apprehended) is a deserter from the Turkish lands and has committed so many treacheries against the Turks and against you. If one of our people steals one animal from your people, they jail him. This one is a Turkish and a Christian traitor. Can he be released according to your justice? Even if the governor seizes not two, but twenty children, he cannot be released according to fair justice. It is not right that the governor intercedes on behalf of evil men, and, in peace, runs with a flag and a trumpet into the sultan's domain to take away children. If it is war, we should know also in order that a treachery be not done. And the delivery of the criminal should be asked and requested in a fair way, letters should be exchanged, and fair men, yours and ours should come together, and whatever the justice decides, so it should be. We promise that to your grace. Return the children in order that a peace may exist in these parts as your grace said it will.

If your grace would accept all this and respond to all that happened before, let it occur. It is the right time.

We are waiting for your answer, and do not resent these writings.

May God gladden you! Be of good health!

Made to be written by me, the captain of the sultan's towns here on the border, and by Halil aga, the zaim of Vrana, and by agas of Zemunik, Islam, Poličnik and remaining towns, always good friends.

Letter Twenty-two
November 23, 1641[96]

In the name of God. On November 23, 1051 of our era, and 1641 of the Latin. What this letter contains is this: Already for some months in this Krajina, between the subjects of the righteous sultan on one side and the subjects of the righteous lords of Venice on the other, many events have occurred, which disturb the public peace and the trade that goes on both sides. Now the illustrious and exalted lord Giambattista Grimani has come to his rule as the governor and the general of Albania and Dalmatia, and for the sake of his true repute and his fair justice, which is agreeable with peace and corresponds to the harmony that prevails among lords of both sides, Ahmed aga Beširagić, Osman aga Jeleckovic and Hasan aga Rakulović came to this town with fine and kind letters of trust from the honorable and gallant captain beg Beširagić and other agas from Nadin, Zemunik, Polešnik, Karin and Obrovac, and with a great appeal to the very same lord general in their name and in the name of all people of that Krajina who expect every chance from Their Serene Highness, they requested him to agree and to respond to the affection of all and for the good and comfort of so many poor people who suffer, (they requested him) to agree to pacify all disorders and troubles that were in this Krajina ....

In the meantime, in order to please the general, they (agas) evacuated and depopulated Vrcevo and also knocked down houses and courtyards as it was discovered that the houses were inhabited, and this the general can see whenever he pleases. This appeal

---

has been expressed in an amiable way worthy of good neighbors and especially agreeing with the activity of the captain <u>beg</u>, and it is an opportunity to the general to show his inclination toward the general well-being and his readiness of his own free will to maintain tranquility and peaceful living among the subjects of both sides. Both sides have deliberated and have pacified a great many past disorders and disturbances and have healed many injuries, in order not to trouble the great lords, both sides have caused, affirmed, firmly agreed and ordered with the assent and willingness of both sides:

From now on, a fair and just peace and good will are to be kept and maintained between all those who are in Zadar and its state on one side and Turks and the subjects of the named cities, that is of Nadin, Zemunik, Polešnik, Islam, Karin and Obrovac, and their villages and towns on the other side in order that the previous trade among them may return. All kinds of insults and grievances all to be forgiven, and in the future no relative, whoever he may be, of a man killed can ask, start and conduct legal proceedings for the bloodshed or injuries that occurred in the past on one or the other side. No discussion or inquiry is to be held about blood and injuries, but silence is to be kept forever.

In the future, neither side shall permit blood to be shed, villainies to be committed, or other damage to be done. However, should either side do such acts, the other side may not take revenge by force and by their own hands, but as soon as the news about the bloodshed, villainy and damage breaks, the side in which those incidents occurred must fairly administer justice. Whenever the news comes that either side has done a wrong, those of both sides who are found in cities, villages and towns should obey those who command in an amiable way, and they will send complete information about the incident that occurred in order that the incident may be resolved justly.

In no case, in no cause, and in no way, should either side damage fields, vineyards, trees or materials, but should try again and again in a fair way to prevent those incidents and all others nonadvantageous and non-beneficial to both sides.

Moreover, the same agas and heads of Krajina pledge and give their word in the name of whole Krajina that in Vrčevo, which is already depopulated as was said above, nothing will remain in the future except the castle, which has been standing there from the old times, and another houses, places where houses stood, and courtyards must remain razed, and no change should ever be done in Vrčevo, nor in any other place of the same Krajina at any time, but everything must remain as it was from the olden times.

In case that Durak beg from Vrana and others from Krajina do not accede to this even-handed justice and to this noble peace, the above-mentioned captain beg and agas of Krajina promise not to allow to Durak <u>beg</u> any passage through their domain, nor to give him any aid in troops, nor any other aid for any reason or in any design. In this manner, a way has been left to Durak beg to agree without any trouble to reason, and, with their prodding, to agree to maintain good neighborly relations with the subjects of the renowned Venetian lords.

Letter Seventy-eight
Split, June 11, 1682[97]

The <u>emin</u> of Split to Friar Grgur:

In the name of God: To the respected gentlemen friar Grgur a fine and kind greeting.

We are just writing to you that we are, thank God, fine, healthy and in peace. We have a boat of merchandise, and in Sarajevo there are, thank God, enough goods but very few teamsters. Some days ago, at the time you were also here, so me loads of hides were brought here from Banja Luka. When they returned back, the teamsters were ambushed and hit just near Klis. One teamster was wounded; a bullet passed through his middle, and his shoulder was cut by a saber. A horse was taken from them and shipped by Tomašić to Pula. Custom officers asked him not to ship the horse to Pula; however, he shipped it by night. Yet they said (probably the governor) that the port will do a fine business. Merchants are not able to carry goods on their necks; teamsters are. However, how will the teamsters do that if they are treated this way? Tomašić bought the horse from Čolić from Klis, whose home also here in Zagradje, because of his villainy, was wrecked. However, please do not tell anything to the general.

A courier came yesterday from Sarajevo. (He said that) the sultan and the vizier and the whole army are on their way to Belgrad to winter. Couriers also came to Livno and took the inventory of cannons, powder and cannon balls. (The same was done) in Banja Luka and Knin. May God grant that everything turns to good, and may you be in good health.

I emin: June 11, in Split

---

[97] HAZD Filza 67.

Letter Eight-one
1669-1685[98]

From me, Mehmed beg Atlagić, the captain of Knin. To you all praise and honour, worthy sir, the illustrious general of Dalmatia and Albania, the exalted and noble, God's blessing and very dear and cordial greetings as to a gentleman and a trusted friend.

And now, illustrious and righteous sir and general. A letter reached us from the illustrious Mustafa Pasha Yamali in which he requested that we write a letter to your Lordship and tell your Lordship that when Mustafa Pasha was in Udvarje collecting the Sultan's harac, two villages gave a few children as hostages instead of three loads of aspres of the Sultan's treasure and the harac. And now an unworthy young slave from Poland has lured away a girl who was given as a hostage for the sultan's harac, and she is a subject of the Sultan. She is not a slave, nor a prisoner, and the young man is a slave from Poland. And now we ask your exalted Lordship to do us and Mustafa pasha a favor and return those two children: the girl, a serf of the Sultan, and the young slave. If you do not want to send the young slave, then send the girl who is a serf of the sultan, since the righteous sultan and the doge have made a peace treaty. Moreover, your Lordship knows that Mustafa pasha could have asked this action from the bailos through the Sultan's Porte, but he did not want. He would rather ask your Lordship. You will, we hope, order him to do service to you when such service becomes necessary. Therefore, we fondly ask it of you in order that friendship may remain between us. We would

---

never mention this (to you) if there were twenty slaves
(in question), but since the child was placed as a
pledge; it is difficult to answer to our other subjects.
Nothing else except that we beg you very fondly to
sign and send to us your charitable order (directed) to
the gentleman governor of Almiss that he delivers
those children to my rider Šain Mustafa, who is
carrying this letter to your Lordship.

It was written in Livno.

I, Mehmed beg, the captain of Knin wrote it.[99]

---

[99] On the margin: And this young slave and this young
girl, the sultan's serf, are in the town of Omis, called also
Almissa.

Letter Fifty-one
November 1675 - January 1678[100]

In the name of God.

From us, Ali beg (Kalunferhatović), the captain of Udbina, and the commander of Lika and Krbava, to general Girolimo (Grimani), the noble, chosen and worthy of every praise, a gentleman graf.

We understand what you have been writing about brigands, about Vučeta Vukčević and about the returning to him of what our men took from him. It is God's truth that our men caught the same Pavle Vukčević in villainy. We do not know whether they took anything from him, but the Turks and the Christians will bear witness to it. We must be grateful to a justice that has already allowed Vukčević to take eight oxen, two horses and two guns. They (both Vukčević) being brigands, and your grace their lord, and such a treachery being committed during the peace of the sultan and the doge – it will be really unbelievable to the (Ottoman) lords. Praised be great God, we are glad that the horse, seized from us, is in your hands.

As for what you are writing about Jure Renešić, we fully paid off our debt. If it is not paid, let his uncle <u>voyvoda</u> Todor come on Saint Simeon's Day, and whatever he may honestly claim, we will pay it at once. Greetings.

(P.S.) The same brigands, who routed us and snatched the sultan's property, (gave it to you). We hear, and you write that the horse is in your hands. If you were not a partner of the brigands, you would not have held the horse. Even if you send it back, we dare not accept it (without the permission) of our sultan,

---

because we have informed him about these matters. You may govern Kotar as you know, together with the brigands, but the great lords have not ordered this lawlessness to go on. We wanted to get into our hands such a letter (as the one we received) and now we have it. Whatever happens in Kotar, it will be your fault, because you do not consider the sultan to be a ruler, but you keep company with brigands, and you give them permission to commit treacheries. We also are going to do as we know it.

Letter Fifty-four
August, 1677[101]

From us, gentleman Mehmed beg Atlagić, the captain of Knin. To the very exalted, singled out and deserving of the noblest honors and lordly glory, Lord Girolimo Grimani, the cavalier, the governor and the general of Dalmatia and Albania, very dear and hearty greetings as to a lord and a friend.

A noble letter came to us from your lordship in which you described what your criminals in Podgorje have done to the men from Lika. Even before the arrival of your noble letter, as soon as we heard and understood that the people of Krajina are gathering to take revenge, we started at once on the road to Krajina to tell the people not to make little or big disturbances and troubles in Krajina during the righteous and illustrious sultan's peace. Your lordship should secure those criminals of yours and administer to them the justice they deserve in order that others may come to their senses and honestly keep the peace of the righteous sultan and the doge. And we, as much as we are able, will work to restrain the people from Krajina in the same way. God knows, and the people of Krajina know, as we adhered loyally during the war to the command of the righteous sultan. And ever since he ordered the peace, we bowed down before the righteous sultan and we are keeping his peace. And your lordship should filter this matter through well. Whoever has committed crime should receive evil for it.

Be recommended to you our Omer aga, whom we appointed to customs, and also our other poor, and we are going to obey your orders whenever it is

---

[101] HAZD Filza 84-25/1.

possible for us. May we and you be healthy.

Letter Seventy-six
January or February, 1682[102]

An informer to the count of Novigrad:

In the name of God.

Your Lordship should know that we arrived home past Monday as we told you (that we would) and we found messages from Gracac and grasped that it (cholera) has diminished a little. Nobody perished except a woman, since we met. However, we heard terrible news from Lika and paid a man to bring to us the true information. He went off the same Monday in which I came home and returned back Friday: two days there and two days back (four days) passed till he came back. It could not be done faster because it is rather far. He went secretly to Perušic but coming back he almost was killed by the weather in the mountains. His feet suffered very much from cold. He gave us true information. It (cholera) broke out in Vrebac and about 25 persons died. In Perušic, two children died long ago and then it (cholera) hid itself. The people from there said that the children did not die from that sickness, and so we informed you. However, the sickness broke out again, and the whole house died out. Others are all healthy. Waiting for the information from Lika is the reason that we are sending this letter late. We sent off the man to Lika the same day we returned home; he came back late Friday and then we sent the letter off. Greetings.

You should know just the third day that some information could arrive from Gracac, because people fled away. They are not in one place (to make it easy) for a man to get true information. The people went in

---

[102] HAZD Filza 67.

ten directions far into the mountains. They themselves do not come into contact with each other. The people are around Grab and around Vucjak. Some are around Vraca and Boricic Mountain. Some are in Kokorina and some in the mountains over the town of Oresnik, and some around the Gubac Plain. Whoever wants to bring true information, visiting all those places, approaching every place carefully (because everybody fears harm to himself) and inquiring smartly, he can hardly arrive everywhere in two days even if he goes without stopping. Then (he needs) a day (to pass) over the mountain, from here a day, and from there (also a day), then the time until the information arrives at Novigrad and then from there to (Zadar); five to six days pass by. This (explanation is necessary) so that we will not be blamed. It simply could not be done faster. And I am informing you this way, in order that you inform the great Lord, whose thought is very exalted and very noble, in order that he might not lose interest because he is getting scarce information. God knows that we would like to please his Serene Highness because we rely on his Serene Highness in every need as long as we are in this Krajina and in this neighborhood.

And send me no letter, nor reply, but let Ivica Bazdarić come here on his private business, not on official, and we will talk to him and write what is necessary. All good words (should come) from the mouth of the great Lord to yours, from your mouth into Ivica's, nobody else's, from Ivica's mouth into mine. No letter is ever needed.

As for that one boat we spoke about that should arrive here, try by all means to influence the Lord and inform him that it should happen as agreed, and may the arrival be in time.

Do not take an offense that the letter is without

a seal. The seal was not at hand, and whenever it is
not at hand, it is not required. Know whenever the
mark that is at the end of this, our letter, on a letter,
then the letter is ours; if that mark is not there, then
the letter is not ours. You should know that always.
Greetings to you.

Glosssary of Foreign and Little-Known Terms[103]
Seid ef. Kadia Karić

Aga [Turkish: ağa] Commander; also, honorary title for commanders in the paid army.

Alajbeg [Turkish: alaybeyi] the commander of cavalery of a sanjak.

Alaša [Turkish: alaşa] a wild or ill-trained horse.

Ališ veriš [Turkish: alişveriş] a business; tade; commerce.

Amin, see emin.

Amor, see emir.

Anzak [Turkish: ancak] only; merely; hardly.

Apaltadur [Italian: appaltatore] contractor; leaser.

Armata [Italian: armata] troop; army.

Arz [Turkish: arz] the presentation of the higher or the lower officials to the Sultan or to the Porte.

Ašašin [Italian: assasino] murderer.

Avizati [Italian: avvisare] to advise; to warn.

Avlija [Turkish; avlu] courtyard.

Aznadar, see haznadar.

Bajlo, Bajlos, see bailo.

Bailo [Greek: baylos] an official Venetian envoy to the Porte.

Baloti, see bolati.

Banaire, [Italian: Bonaire] good natured.

Bandižati [Italian: bandeggiare] to proclaim; to banish.

Banovati [Hungarian: Banovati] area under the control or rule of a ban, or viceroy, of the king. A ban

---

is often translated as duke. Also see banate.
Baša, see paša.
Beg [Ottoman Turkish; Beg or Baig] governor, an administrative title.
Begluhčinja [Turkish: beylikçi] the head of the government chancery office.
Bolati [Italian: bollare] to seal; to stamp.
Broni [Italian: bruno] brown.

Cesar [Italian: Caesar] Austrian monarch.
Ćatib [Turkish: katip] scribe.
Ćehaja [Turkish: kahya] assistant; a first aid; chancellor to different Ottoman officals.
Ćorast [Turkish: kör] blind. In Bosnia, it refers to a one-eyed person.
Ćoroki, see ćorast.
Čauš aga [Turkish: çavuş] messenger of the Sultan or the Porte.
Česar, see cesar.

Davia [Turkish: dava] claim; complaint; problem.
Defterdar [Turkish: defterdar] Finance Minister.
Derventa [Turkish: derbent] mountain pass.
Divan [Turkish: divan] the council of the Sultan; the grand vizier, or governors. The governor council was at the same time the highest court of the province.
Dizdar [Turkish: dizdar] warden of a fortress. A dizdar could not leave his fortress without permission from the Porte. He was forbidden to allow a stranger into his fortress.
Dolama [Turkish: dolama] a kind of jacket.
Donluk [Turkish: donluk] clothing money; a length of cloth given to soldiers.
Dukatar. A tax collector in Bosnia before and after the Ottoman conquest.
Duman [Turkish: duman] smoke; fumes.

Duž, see dužd.
Dužd. Doge [Italian: doge] Venetian head of state. See also Duce.
Dukala [Italian: duccale] decree; order.

Elcija [Turkish: elçi] ambassador; envoy.
Emar, see emir.
Emin [Turkish: emin] trustworthy; custodian; trustee. In the Ottoman Empire, an emin was an official entrusted with the administration, collection, registration, custody or safr keeping of certain state revenues, the Sultan's estates, or other estates.
Emir [Turkish: emir] order; command; decree.
Ered [Italian: erede] heir.
Ermenija. Armenian.

Fakin [Italian: facchino] porter.
Furuštiri [Italian: forestiere] foreigner; outsider, merchant from outside.

Galijaca [Italian: galeazza] large galley.
Groš [Turkish: kuruş] piaster. General name for the silver coin of different European countries which was used in the Ottoman Empire. In 1660-61, a piaster was worth 80 aspers (akçe) and at the end of the 18th century, it was worth 120 aspers. Also, the name of the silver coin first issued at the end of the 17th century.
Gustati [Italian: gustare] to please; to satisfy.
Guvernadur [Italian: governatore] govern; to take care of.
Gvera [Italian: Guerra] war; discord.

Haber [Turkish: haber] news; information; message.
Hajduk [Turkish: haydut] bandit; brigand; robber.
Hak [Turkish: hak] right; justice; equity; just.

Haranbaşa, see harambaşa.

Harambaşa. In Bosnia, officer of a small troop of the Ottoman auxiliary forces; captain of a band of robbers; commander of a unit of the Venetian border guard in the 17th and the 18th centuries.

Harba [Turkish: harbe] javelin; pike; halberd.

Harač [Turkish: haraç] land tax; head tax; tribute.

Havizati, see avizati.

Haznadar [Turkish: hazinedar] treasurer on the Sultan's vizier's, governor's, and a sanjak-beg's court.

Hoča [Turkish: hoca] teacher; religious teacher; educated man.

Hućum [Turkish: hüküm] decree; judical decision; rule.

Inbasador [Italian: ambasciatore] ambassador.

Išlenisati [Turkish: işlemek] to perform; to do.

Izfinat [Italian: finire] to finish; to complete.

Jaspra [Turkish; akçe] asper. Small Ottoman silver coin. The worth of the asper changed with time. In 1431, a Venetian ducat was worth 35 aspers; 1488, 49 aspers; 1510, 120 aspers; 1640-1648, 250 aspers. In 1687, the asper was abolished, and the piaster became the Ottoman coin.

Jaija [Turkish: yazï] handwriting.

Jemin, see emin.

Jeminluk [Turkish: eminlik] an office of an emin.

Kadija [Turkish kadï] a judge and governor of a small district.

Kahya [Ottoman Turkish: kâhya] stewart.

Kail [Turkish: kail] agreeing.

Kailstvo, from kail. Agreement.

Kančelar, see kančelir.

Kančelirja [Italian: cancellaria] chancery.

Kančelir [Italian: cancelliere] registrar; chancellor.
Kapićehaja [Turkish: kapïkahya] representative of the governor or a sanjak-beg at the Porte whose main duty was to see to the interest of his lord.
Kapićibaša [Turkish: kapïçïbaşï] head of the palace guard. At the court of a governor his duty was second after the kahya. His duty was to introduce foreign diplomats in an audience and perform important and confidential missions. He was the most active assistant of the governor in political administration and diplomatic missions.
Karag [Italian: carico] load.
Karika [Italian: carica] office.
Kaštigati [Italian: gastigare] to punish; to reprimand.
Kavalier [Italian: cavaliere] cavalier; knight; horseman.
Kišlak [Turkish: kişlak] winter quarters.
Kiričija [from Turkish: kira] teamster.
Kolauziti [from Turkish: kïlavuz] to guide an army unit.
Komodati [Italian: accomodare] to accommodate; to compromise; to suit.
Konfin [Italian: confine] border.
Konšiluk [Turkish: komşuluk] being a neighbor.
Kula [Turkish: kulle] fortress; castle; tower.
Krešiti [Italian: crescere] to grow; to increase.
Kunfin, see konfin.
Kunten, see kuntenat.
Kuntenat [Italian: contento] content.
Kuril [Italian: corriere] courier.
Kuntumacija [Italian: contumacia] quarantine.

Latri [Italian: ladri] thieves.
Lazaret [Italian: lazaretto] hospital; pesthouse.
Libar [Italian: libro] book.
Liber, see libar.

Licencija [Italian: licenzia] permission.
Lotri, see latri.
Lunbarda. Alternate spelling of Lumbarda. A town on
the Croatian island of Korčula.

Mahala [Turkish: mahalle] street, quarter; ward.
Mandat [Italian mandato] order; command.
Mazar [Turkish: mahzar] judical report or decree,
protocol.
Mehter [Turkish: mehter] band of musicians; groom;
tent pitcher; chamberlain; chief of the band of
musicians.
Mejdan [Turkish: meydan] public square.
Muhur [Turkish: mühür] seal; impression of a seal.
Mukajet [Turkish: mukayyed, or mukayyet] to take
care of; to attend diligently.
Muselim [Turkish: müsellem] completely or partially
freed from taxation.
Muselim aga [Turkish: müsellim] vice-governor.

Nazor [Turkish: nazïr] superintendent; financial
controlling official.
Nefer [Turkish: nefer] soldier.

Oka [Turkish: okka] 2.8 pounds.
Ordin [Turkish: ordine] order; command.
Ortak [Turkish: ortak] partner; associate.

Pajize [Italian: paese] land; country; territory.
Parat [Italian: parte] part; share.
Pasati [Italian: passare] to pass.
Paša [Turkish: paşa] the title of the highest civil and
military officials. In the XVth and XVIth centuries, the
title was given to viziers and beylerbeys. An official
who once got the title did not lose it when he lost his
position.

Pejno, see pena.

Pena [Italian: pena] punishment.

Pencha [Turkish: pence] ancient official signature of Sultans.

Perforač [Italian: per force] by strength; by force.

Plik [Italian: plico] pocket of a letter.

Prinčip [Italian: principe] prince; doge.

Prokaštigati, see kaštigati.

Providur [Italian: provveditore] governor.

Raja [Turkish: raiyet] subjects.

Razovati [from Turkish: razi] to satisfy.

Redjiment [Italian: reggimento] government.

Sanžak [Turkish: sancak] larger administrative unit of a province.

Sanžak-beg [Turkish: sancak] head of a sancak.

Sčela [Turkish: iskele] landing place; port of call.

Sefer [Turkish: safer] second month of the Islamic year.

Sigurati [Italian: securo] to preserve; to assure.

Sinal [Italian: segnale] signal.

Skrlet [Italian: scarletto] scarlet.

Skala, see sčela.

Speriti [Italian: sperare] to hope, to expect; to judge.

Subaša [Turkish: subaçşï] at the beginning of the Ottoman Empire, a high military administrative official, later lower military-administrative, or just administrative official.

Sunetiti [Turkish: sünnet etmek] to circumcise.

Supra provider [Italian: sopra provveditore] governor, or a military rank.

Šićajet [Turkish: şikayet] complaint.

Šiflik [Turkish: çiftlik] agricultural estate.

Špag [Italian: spage] pack-thread.

Šporko [Italian: sporco] dirty.

Šuditi [Italian: sudditi] subjects.
Šuplika [Italian: supplica] petition.
Šušpet [Italian: sospetto] suspect

Talištvo [Bosnian: Talac] hostage, a person taken to ensure the keeping of an agreement.
Tarih [Turkish: tarih] history, era.
Tefter [Turkish: defter and tefter] notebook, register, account book, tax roll.
Tefterdar, see tefterdar.
Tefterdar [Turkish: defterdar] director of the financial administration of the Ottoman Empire, or a province.
Teftišiti [Turkish: teftiş etmek] to inspect, to inquire.
Tepperdar, see tefterdar.
Terac [Italian: terco] third.
Terčuman [Turkish: tercüman] interpreter.
Terminate [Italian: terminare] to terminate; to limit.
Terzija [Turkish: terzi] tailor.
Teza [Turkish: tezgah] workbench; counter.
Terćerečija [Turkish: tezkereci] secretary.
Timarnik [Turkish: timarci] holder of a fife.
Tokati [Italian: toccare] to concern; to belong; affect.
Trata [Italian: trattato] treaty.
Trumbet [Italian: trombetta] trumpet.
Turčin. A Muslim subject of the Ottoman Empire.

Ulak [Turkish: ulak] messenger.
Urdin, see ordin.
Ušur [Turkish: öşür] tithe.
Variz [Turkish: varies] heir; inheritor.
Varca [Italian: varcare] to cross a border or boundary. See also vrača, to come back.
Većil [Turkish: vekil] representative; deputy.

Zevap [Turkish: cevap] answer; reply.
Zijamet [Turkish: ziamet, or zeamet] large fief which

brought to the fiefholder 20,000 to 99,000 aspers yearly income.

Zulum [Turkish: zulüm] wrong; cruelty.

А а Б б В в Г г Д д Е е Ж ж З з И и Ј ј

К к Л л М м Н н О о Ѡ w П п Р р С с Т т

Ћ ħ У у Ф ф Х х Ц ц Ч ч Ш ш Ю ю Ђ ђ Ь ь

Figure 4: Bosnian Cyrillic Alphabet

A a	B b	C c	Č č	Ć ć	D d	Dž dž	Đ đ
А а	Б б	Ц ц	Ч ч	Ћ ħ	Д д	Џ џ	Ђ ђ
[a]	[b]	[ts]	[tʃ]	[cç]	[d]	[dʒ]	[ɟ]

E e	F f	G g	H h	I i	J j	K k	L l
Е е	Ф ф	Г г	Х х	И и	Ј ј	К к	Л л
[ɛ]	[f]	[g]	[x]	[i]	[j]	[k]	[l]

Lj lj	M m	N n	Nj nj	O o	P p	R r	S s
Љ љ	М м	Н н	Њ њ	О о	П п	Р р	С с
[ʎ]	[m]	[n]	[ɲ]	[ɔ]	[p]	[r]	[s]

Š š	T t	U u	V v	Z z	Ž ž
Ш ш	Т т	У у	В в	З з	Ж ж
[ʃ]	[t]	[u]	[ʋ]	[z]	[ʒ]

Figure 5: Latin and Cyrillic for Bosnian

Originals of the Bosančica letters

Letter One
Page one

Letter Four
Page one

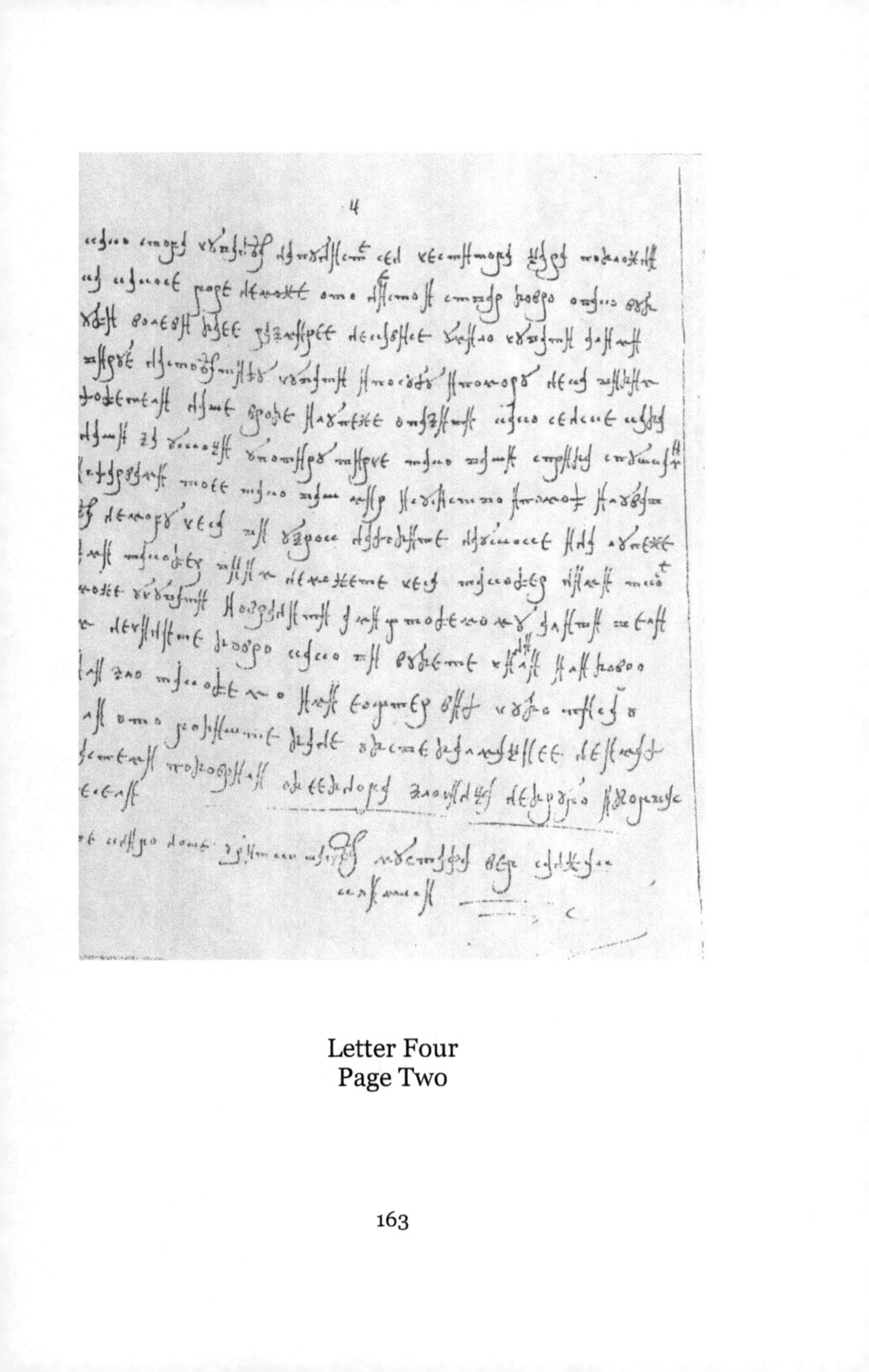

Letter Four
Page Two

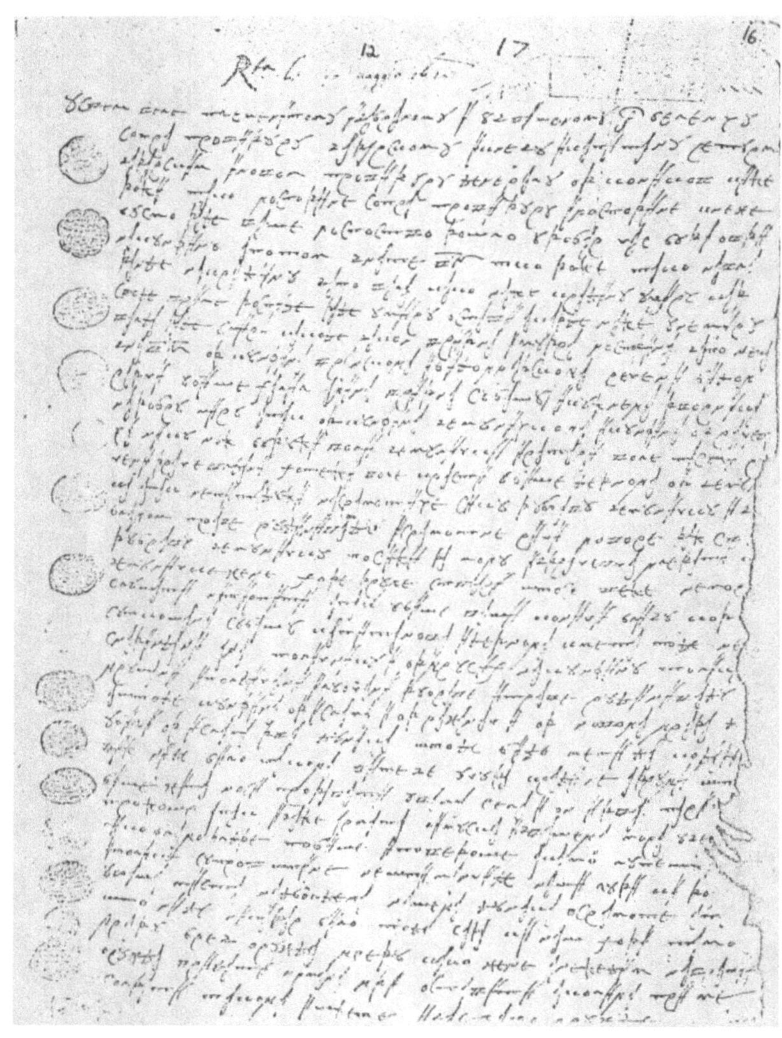

Letter Twelve
Page One

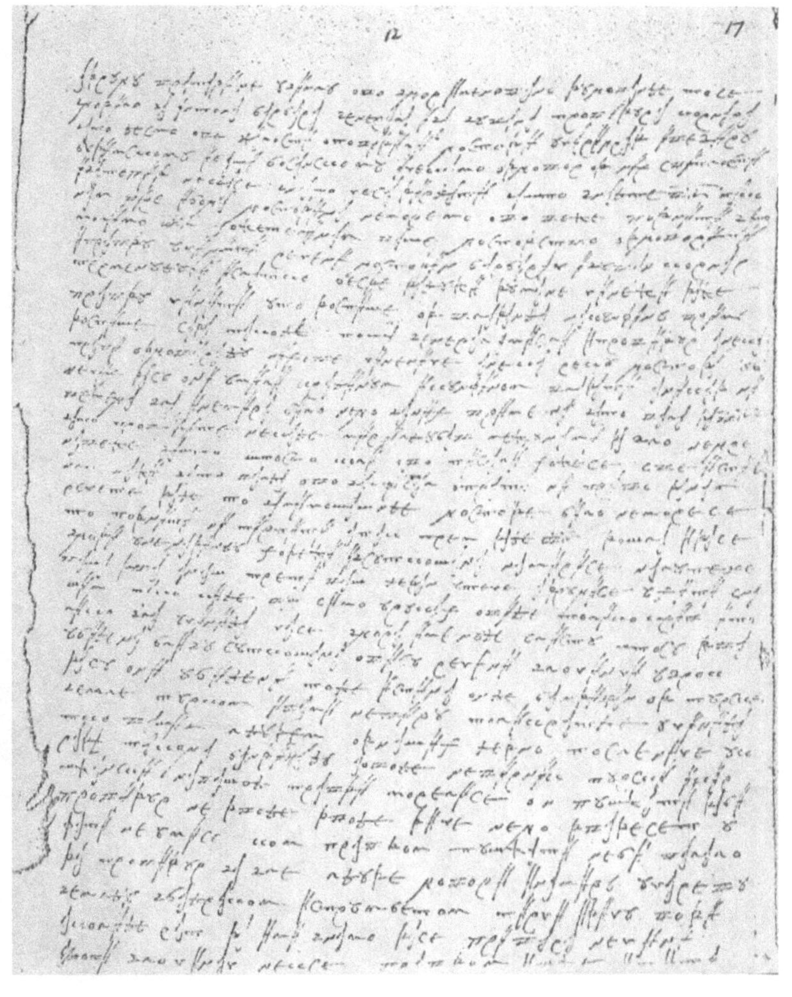

Letter Twelve
Page Two

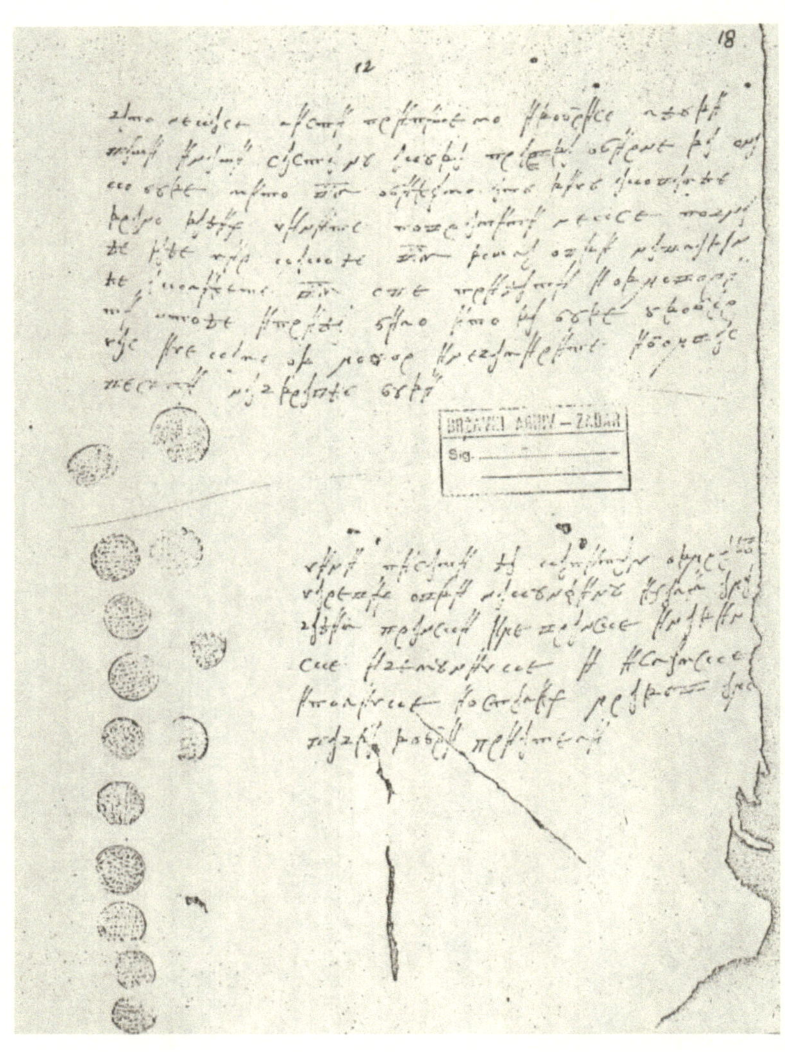

Letter Twelve
Page Three

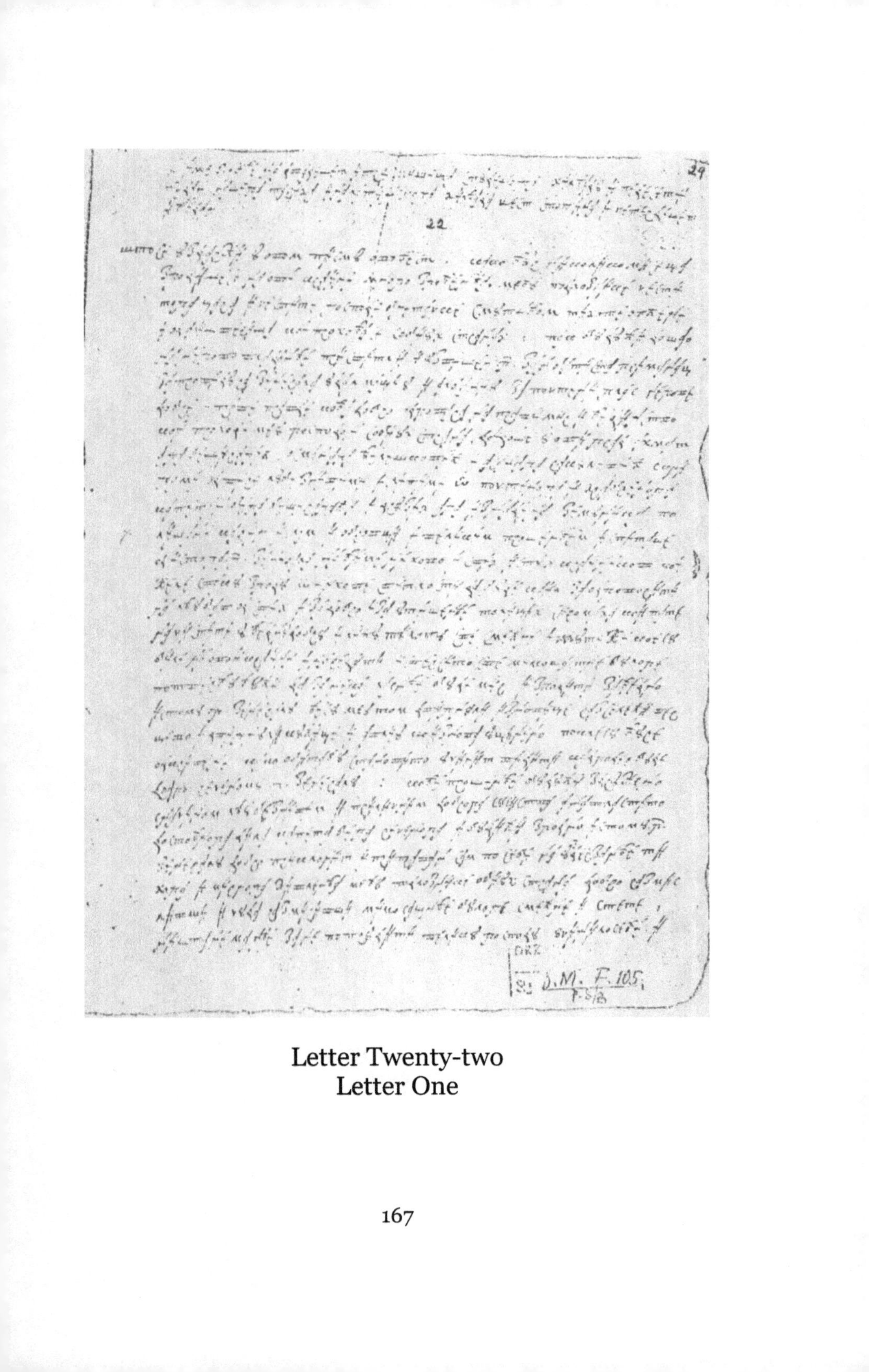

Letter Twenty-two
Letter One

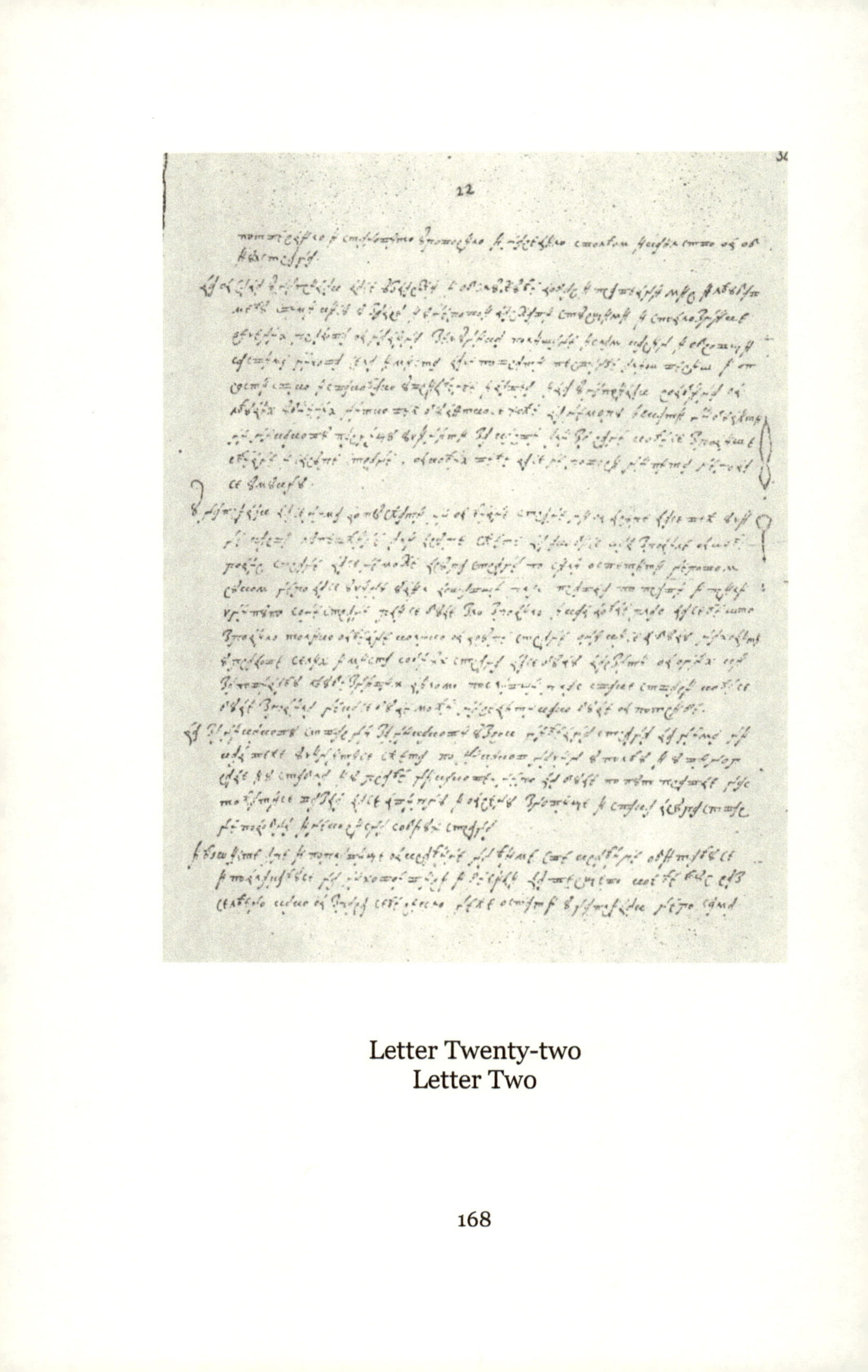

Letter Twenty-two
Letter Two

Letter Twenty-two
Page Three

Letter Seventy-eight
Page One

81

Letter Eighty-one
Page One

Letter Eighty-one
Page Two

Letter Fifty-one
Page One

Letter Fifty-one
Page Two

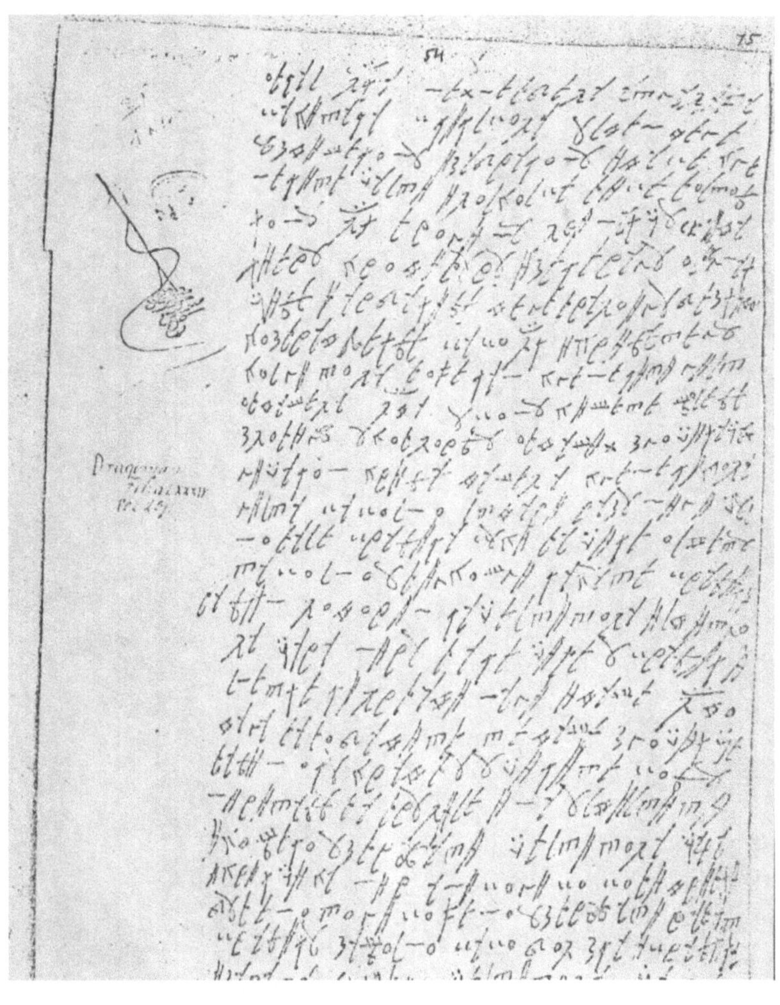

Letter Fifty-four
Page One

Letter Fifty-four
Page Two

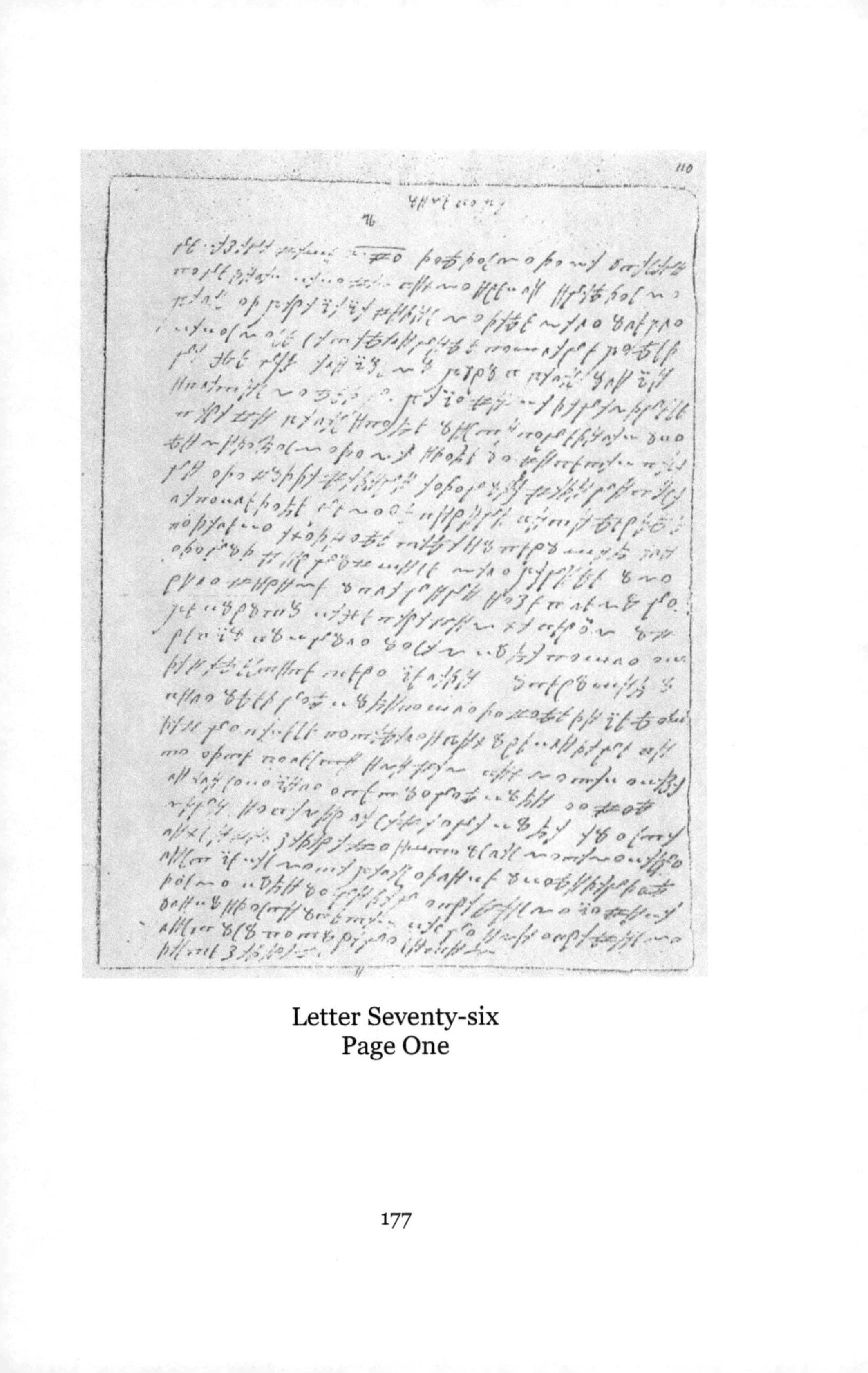

Letter Seventy-six
Page One

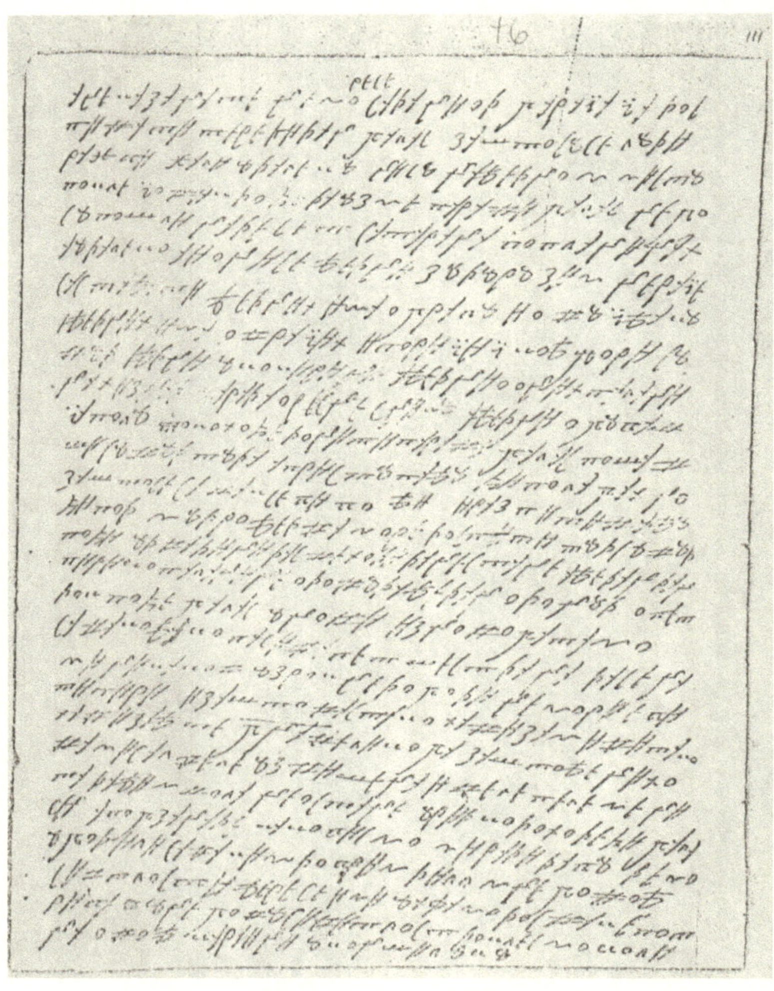

Letter Seventy-six
Page Two

178

Letter Seventy-six
Page Three

Bosnian Latin Script Transcription of Bosančica letters

Letter One[104]
1521-1541

Husrev beg, the sanjak beg of Bosnia, to the doge. Husrev is informing the doge that he is not able to return to Venice the villages which have belonged to the doge's subjects, because the villages have been registered in the Ottoman register.[105] Husrev must get permission from the Sultan to do that.

Svitlomu i uzmožnomu i čestitomu gospodinu dužu smerno poklonenie i za zdiravie uprošenie.
A po tom', da znate kako dodje carev' hućum' i ód Vašega gospodct 'va list',[106] a po glavnim slugom' Vašiem' kapetanom', a za kotare i sela koja su bili uzeli podložnici čestitoga   5.

cara, a ód sluga gospodctva Vašega; tere hodismo po ónizieh' silieh' i po rečenieh' kotarieh', i nadjosmo da su mloga sela

bila prvo podložnika gospodctva Vašega. I kako naidosmo da su Vašieh podložnika, tako čestitomu caru na Portu pisasmo, [j]ere mi óvdi ne mogosmo povrati[ti], [j]ere kako dohodi ód 10.
Porte careve pisac' i prepisova svu óvu zeml[j]u…., izplsaó i óva rečena sela podložnika gospodctva Vi. I l[j]udi ko[j]i su na ónizieh' selieh' ód n[j]ih' uzeó carev' harač', a n[j]ih razdilio careviem' timarnikom'. Zato se sada ne more viditi dokle se caru na Porltu ne ópovie, [j]ere mi bez' zapo[vj]edi cara čestitoga ni[j]ed'noga posia ne možemo 15.
učiniti, a što smo mogli, Bog' zna, da se nesmo št[e]dili, kako ćete uznati ód sluga Vi gos[po]dctva Vi.
I Bog' umnož gospo[d]c[t]vo Vam' mnoga l[j]eta i godine!

---

[104] Archivio di StatoVenezia. Raccolta di documenti slavi. Raccolta di documenti spagnoli, 1613-1737.

[105] Manuscript translation has "by a scribe" crossed out.

[106] Manuscript: mist'

Letter Four
Received February 9, 1577[107]

Mustafa beg, the sanjak-beg of Klis, to the count of Šibenik. Answering a letter of the count concerning cattle stealing, Mustafa accuses Venetian subjects for many misdeeds[108] committed in his domain. Mustafa accuses the count of being indifferent to those crimes of his subjects.

Visoko počtovanomu knezu i kapitanu Šibeničkomu poklon i pozdravlejlenee kako susidu i prijatel[j]u.
A po tom, neka zna Vaša milost kako primih Vaš list u komu listu sve razumih što mi pišete zaradi ovaca i goved i poslenič[e]nja u miru a na susistvu. To niee vol[j]a moja da se tako čini. Opet Vi to činite, a to neće naši   5. podložnici, veće ako su to haeduci, a svak ee zlu čòviku dužan, a to će biti iz druge zeml[j]e l[j]udi i zloči[n]ci. Kada se [j]e to učinilo, mi lupežom ne možemo česa, kako to i Vi. A ja kako sam ovde došao nisam poman[j]kao svaku pravdu i razlog učiniti. Toliku sam dicu, i kon[j]e, i l[j]ude, i Zadru, i Šibeniku, i Trogiru, i Splitu povratieo   10. i lejlubav učinieo, što niee ni eedan sanžak učinio, ali sve zaludu. O[d] tolikoga doba kako sam óvde prišao eest zarobl[j]eno hil[j]adu podložnikov čestitoga cara. Uzrok velite na uskoke? Oto i ja primam. Toliki se porob čini što niee nigdar bilo. Zašto sva Vaša Dalmacija eednoga uskoka ne može uhvatiti i pogubiti oko Splita, okolo   15. Trogira, okolo Vašega grada i okolo Zadra. Što se ee porobilo bol[j]e od mene znate. Ja veće ne mogu o[d] tužbe usiditi, a Vi za eedan brav hoćete svit užeći od lista praznih i besida, a na sridi ništa. Naših podložnika mimo Vaše gradove i priko Vaših podložnika vode, i brodove voze, i (i)eidu i pieu kako im ee drago, ja vidju ni eedna   20.

im se zaprika ne čini.

---

[107] This has one seal. Archivio di Stato di Venezia. Secreta materie miste notabili. Busta 26 27, no. 126 137. (ASVS)

[108] The word "crimes" in translation is crossed out and "misdeeds" is written in by hand.

Što mi velite car ee s kral[j]em mir učinieo. Kada
s naše strane pridju uskoci i porobe, mi Vam nikad list ne
pišemo, veće on(a)da kad s Vaše strane pridju, zašto niee
to prez Vаših. Tako mi se čini da se po sudu ne robi.
Ako naši ne robe, ali s Vaše se strane porobi. Vi ste se   25.
obećali: "Mi ćemo more paziti." I pazimo ga i tratu
činimo. Dobro Vam trata izhodi i dobro čuvate, kako s
toga čuvanja napuniste Sen[j] čestitoga cara podložnika,
kako se gore ne može. Oto ne i stoi stvar dobro.

      Ovako budući, bol[j]e bi da ee razmiree, neka bi se
umilo čuvati. Ali mi virue, nastojati ću čuvati i po   30.
suhu i po moru, neka vidim hoćete li naše brode i lupeže
opaziti kako sen[j]ske. Kada naši za uskoci u potiru t(i)rče,
tako Vaši sprida s puškami i s harbami. To ee tako Vaš mir

i susistvo, i pomoć i l[j]ubav! Ja ne mogu česa Vi uzrok
nahodite na uskoke i na lupeže, a mi takodjer. Vi im ne   35.
možete česa, takodjer ni mi. Tko se može učuvati i
obraniti, a mi što ćemo mu? Ali Ti velim: ne činite dobro.

Kako Vi budete činili, ili dobro ili zlo, tako ćemo i
mi.
      Eošter bih čudo pisaó, ali òto godište da ne ód sve

Dalmaciee ne imah da ste mi podobrili od eednoga zločinca   40.
      Ne drugo. I Bog Vas veseli!
      Ove kn[j]igonoše uritko šal[j]i!

      Ja, Mustafa beg, sanžak kliški.

Letter 12
May 1621[109]

A letter from an unnamed Ottoman captain, Halil aga of Vrana, to the agas of Zemunik, Islam, Polešnik and other towns to the governor Belegno. In the letter the agas bring out all disorders that occurred lately in Krajina.

U svem vele plemenitomu, izabranomu i uzvišenomu   1.

g[ospodinu] Belencu, sopra providuru zadarskomu, i knezu i
kapitanu returm zadarskim i novom providuru jeneralu od
kon[j]ikov, ki će doći.

Tako gospodine sopra providuru i gospodine kneže!
usmo da je Vaše gospodstvo došlo. U dobar čas bud a ovdi   5.
na kunfinu!
A po tom, znate, V[aša] m[ilosti], tko dodje tako na
vladanje na Krajinu zato valejla kako nadje Krajinu u
miru, kad svoje vrime dospije, da je u miru ostavi, a kad
je nadje u nemiru, valja da je smiri kako je zakon vridna
i mudra gospodina. Zato neka zna V[aša] m[ilost], od   10.
kunfina vran[j]skoga i bijogradskoga, rečeni Biogradči
ubiše Halil agina vridna subašu i kućnega dvornika na dobru
miru, a pak od kunfina zemunickoga i kunfina o[d] Dračevca,
niku noć, budući voli zemunički i ratari vole pasući, rečeni
Dračevljani, hoteći vole krasti, ubiše jednoga od Zemunika.   15.
A pak, ne pitajući, nasramotice siku dubravu zemuničku i
z blagom trave rujinivaju i sramotne riči govore da ć[e]
svu dubravu zemuničku posići da mogu iz Dračevca gledati
k[ako] zemuničke žene hode, druge stvari što se veće ne
mor[e] slušati ni t[i]rpiti.

A pak ubiše Vaši kon[j]iči blizu kod Sutkošana   20.
subašu kapitanova i jednoga kmeta. To je ne...s Nadinjani.
A na Poličniku i od Gru.sih na kunfinu, tolik ... Grušani i
Poljičani i Lubčani dubrave i trave rujinivaju.
A što je kunfina od Islama i od Ražanač i od Novoga

---

[109] This letter has 29 seals. HAZD Filza 97-17.

Grada, j[esu] u̲bili od Islama dva junaka. Što je bijo
Memija Kojadi[mo]v̲ić nije bilo takoga viteza[110] u cuda Krajine.
A drugi št[o] [u]biše žita nosi[o] prodavati u Vaša sela.   26.
I on i dva paripa p̲rodjoše.

     A pak izadje armata zimuska iz Vašega mora uze[še]
[to]l̲iko blago i lj[u]de pobiše i povedoše, a kamo lupešči
...i̲ toliki suprovštine neštimančiće. Naši l[j]udi ki
do[hode] u̲ Vaša mista najboljega našega junaka osramote.   30.
A p[ak] što nije nik(a)dar bilo to je sada. Ki naš hodi
tamo gradu, brez oružja gredu kako žene, a neće jim na
vratih o̲ružja prijati, nima ga gdi ostaviti. Ako li ga
prime s̲oldati, tako ga išćete i za svako oružje ... a̲ drugu   35.
vratarine uziml[j]u. Ovo zgor imenovano dugovanje, to se
z̲godilo za Antona Barbara zenerala i za Zuvana providura
Kornara.

     Ž̲ato jesmo ove žalosti opovidili gospodi u Čarigrad[u],
i veziru budimskomu i baši bosanskomu i čekasmo odgovor
od n[j]ih svitlosti i̲ zapovid, neka se znamo česa d[i]ržati.
Zašto znajte V[aša] m[ilosti], tako n̲am vire i Boga   40.
gospodina, ne moremo ovo veće podniti. Zato m̲olimo V[ašu]
m[ilost], hoćete li nam Vaše gospodstvo odgovoriti i̲ pravdit
učiniti? Rečeni gospodin Barbarač i Zuvan Kornar
t̲ermenujući, i slatke bes[i]de dajući, dumane čineći, da
će p̲ravdu činiti, u to dospiše od vladanja na kunfinu, vrime
d̲ospiše. Sada tako je poša zeneral, a misli i providur, a   45.
neka i p̲ravi odgovaraju n[j]ihove čineniče. A neka rek[n]u
gospoda u Bn̲ečihi da su oni umili Krajinòm i kunfinom
vladati, a nikad ni v̲ećega zla i nemira [nije] bilo nego
za n[j]ih vrimena. Zato val[j]a da V[aša] m[ilost] z̲a to
providite, neka je mir i ljubav medju nami, da zlo ne gre
n̲a veće. Zašto što smo koli ovo pisali, hoće se sve   50.
istin̲om naći. Zato valja ovo zakisal oprati. Ni pravo da
nam r̲ečete da je to za mimošašnje gospode bilo. Ne more se
t̲o podniti ni t[i]rpiti.

     A pak premda je V[aša] m[ilost] došla, i da se z̲godi
u nenadinju, hodeći iz Sutkošana namiri se na lupeže, V̲aša   55.
dva a naš treti, Vaš jedan uteče, a drugi se uhiti s naš̲im.
Tako ki je Vaš simo u rukah, ovi je toliko kriv i tol̲iko
zla učinija ča se zgora imenuje u listu što su dva u̲bijena
blizu Sutkošana, ovi su rečeni zločinči uzrok d̲a su oni
ubijeni. To je istina. On je bandižan od turske z̲eml[j]e,   60.

---

[110]Manuscript has viteze.

Turkom i Vami neviru tolikrat je učinija. Tko Vašim ljudem
od naših jedno posleniče ukrade tako ga bandižaju, a ovo
je nevirnik turski i k[i]ršćanski. Na Vašoj pravdi more
li se on pušćati? Da bi providur ne dvoje (dvoje) diče,
nego dvadeset ufati[o], ne umi se kom pravdom pušćati.   65.
Ne bi val[j]alo da providur za zle ljude govori i na miru
u čarevu zemlju z bajrakom i s trumbetom t[i]rči i diču
vodi. Ako li je rat da i mi znamo da se privara ne čini.
A ovi zločinač nek se pravdom išće i pita, za to neka se   70.
listi pripišemo i dobri se ljudi Vaši i naši sastanu i
kuda pravda ob[i]rne da onako bude, mi to V[ašoj] m[ilosti]
obićamo. A tu diču, ako Vam je drago, da jih činite
povratiti, nek se poznaje da je Mir kako je V[aša] m[ilost]
došla ovdi na vladanje.   75.
          Ako li ćete V[aša] m[ilosti] sve prijati i odgovoriti
što je i prija bilo, i to da bude u dobar čas! I čekamo
odgovor. I ne zamirite! I Bog Vas veseli! Na zdravju
budi!
          Čini pisati, ja, kapitan od gradov čarevih ovdi na   80.
kunfinu, i Halil aga, zajim vran[j]ski, i [a]ge vran[j]ske
i nadinske i zemuničke i islamske i poličke i ostalih
gradov age, vazda dobri pri[j]atel[j]i.

Letter 22
November 23, 1641[111]

A peace agreement between Captain Aliaga Beširagić and agas of Nadin, Polešnik, Zemunik, Karin and Obrovac from the Ottoman side and Giambattista Grimani, the governor of Dalmatia and Albania.

U ime Božje. Na dvadešet i tri mišeca studenoga,   1.
hiljada i pedeset i jedan našega tariha i na latinskoga:
hiljada šest stotina i čet(e)rdešet i jedan.
    Što se uzd(a)rži u ovom pismu ovo jest: kako jur
nikoliko miseca zgodiše se na ovoi Kraini mnogo zgojenja   5.
meju podložnike čestitoga cara i čestite gospode bnetačke
smutnjom tihote općene i od ališ veriša koi prohoja se s
obi[j]uh stranah, pak budući došao na nejlegovo vladanje
prisvitli i uzvišeni g[ospodin] Zanbatista Grimanac za
providura zenerala u Dalmaci[j]u i Albani[j]u, za počteni
glas nejlegove dobre i prave pravde koja dobro odgov   10.
na pravi mir i jedinstvo ko[j]i prohodi me[j]u gospodom s
obi[j]uh strana; doidoše u ovi grad: Ahmat aga Begiragić,
Osman aga Jelešković i Asan aga Rakulović[112] s kn[j]igami od
vire l[j]ubeznivimi i lipimi ó[d]počtenoga i hrabrenoga
kapetan bega Beširagića i druzih aga iz Nadina, Zemunika,
Polišane, Karin, Islam i Obrovci, i velikim prošenjem   15.

ispitaše od istoga g[ospodina] zenerala, na jime n[j]ihovo
i svih istih krainikov ko[j]i žele svaku zgodu ó[d]
n[j]ihove svitlosti, da bude kail za odgovoriti na ljubav
od svih i za dobro i za utišenje tolikih siromaha ko[j]i
pate, namistiti u jednu dobru i lipu tihotu sve smećn[j]e
i muteže ko[j]e su bile na ovoi Kraini, i narediti sversito   20.
sve mimošastn[j]e buloge potv(e)r[d]jujući da za neka
la snje bude mir, i zgoditi zajedno istomu g[ospodinu]
zeneralu, jesu me[j]u tom dvignuli, iznovice razseleći,
V(e)rcevo i dvignuli kućice i avli[j]lu ko[j]i znova
ucin[j]eno, pokle su jure odkrivene kako obitaju, stanovito
učinit[i] viditi, kadgoder bude drago, rečenomu g[ospodinu]   25.

---

[111] 31 seals and 30 signatures. HAZD Filza 105-8.
[112] Rakulević in manuscript.

zeneralu, koje prošenje budući združeno s̲ načinom ljubeznivim
i priličnim dobroga susistva, a navlastito d̲ostojnoga dila

kapeta[na] bega rečenoga; i budući zgodno istomu g[ospodinu]
z̲eneralu dobro priklonit, i pripravan sam po sebi na
uzd(e)rzanje tih̲oga i mirnoga živl[j]enja meju podloznike
obi[j]uh strana, dobro razmisl̲ivši i čuda razmirivši   30.
mimosašnje buloge, smećn[j]e i stete, n̲išta ne manje za ne
potruditi veliku gospodu, učinilo se je i p̲otv(e)rdilo i

stanovito ugovorilo i naredilo s voljom i ka[j]ilstv[m] od
obi[j]u̲h strana:
        D̲a od sada u napridak da se uzd[a]rži i obslužuje dobari
pravedni mir i ljubav m̲eju svimi ki su u Zadru i u   35.
n[j]egovoi, d(a)ržavi s Turcimi i s podloznike r̲ečenih
gradova od Nadina, Zemunika, Polišane, Islam[a], Karin[a]
i Obrovci s̲a svima n[j]ihova sela i mista, da se povrati
p(e)rvanje ališ veriš i opr̲osti svako i svakojako uvridjenie
i davia, i da u napridak rodbina od l̲judih ubi[j]enih nitko,
već budi tko se hoće, da ne mogu iskati, ni buditi, n̲i   40.
nikakovu parnicu učiniti za k(a)rvi, ili za rane, koje se
zgodiše s̲ jedne i s druge strane, od kojih veće da se ne
govori, ni pita, nego da s̲e umuknu:

        U̲ napridak da se nima dopušćati, ni od jedne strane,
ni od druge, da se već uči̲ne k(a)rvi, lupešćine, ali
druge sćete. Da ako bi se kad zgodile od kojegodar strane,   45.
da se ne može druga strana po sili osvetiti n[j]egovom
r̲ukom, nego da se učini, udil došavši glas, pravda po pravi
i prilič̲ni put s one strane gdi se bude zlo zgodilo. I
kad dojde glas da se je što z̲godilo, toliko od jedne koliko
od druge strane, oni ki se budu nahoditi u̲ gradove selih i
mista s obi[j]uh strana, da se budu d(a)rzati od onih ki
z̲apovidaju ljubeznivim dilom, poslavši glas svake stvari   50.
koja se b̲ude zgodila, neka se bude moći narediti kako bude
od potribe:

        D̲a za nikakovu stvar, ni za nikakovi uzrok, ni jedna
strana, da nema nik̲ad veće učiniti se sćeta, po nikakov
način, u polju i u vinogr̲ade i u stabla i u gra[d]je
nikakove, nego da bude po put pravde nas̲tojati se vazda da   55.
se dvignu i odrenu z novice, i svaka druga stvar n̲epodobna
i nekorisna s obi[j]uh strana:

I još iste age i poglavice od Krajine, na jime sve
Krajine, obitaju se i podlagaju se na nejlihovoi viri i
besidi da V(e)rcevo koejle je jur razseljeno, kako odzgara se
je reklo, neće ostati u napridak nego sama kula kako je od   60.
starine bila, ostajući posve razmećena svaka druga kuća i
kućice i avli[j]a, i da se nigdar veće bude moći učiniti
ni [j]edna novina, ni u ono misto, ni u ni[j]edno drugo
misto od iste Krajine, u nijedno vrime, nego da sve ostane
kako je bilo od starine.

Ako ne bude hotiti Durak beg iz Vrane pristati na   65.
pravici i na ovi plemeniti mir s druzimi od Krajine, zgor   rečeni
kapetan beg i age od Kra[j]ine obećaju pod sramotnim   dilom
ne dati puta po n[j]ihovoi d(a)ržavi, ni pomoći od
voiske, ni druge pomoći, po ni [j]edan put ni razlog istomu
Durak begu. A to za uzd(a)ržati še u dobro susistvo s   70.
podloznici slavne gospode bnetačke, bez nikakove smuće
i po ovi način, ostaviti misto Durak begu pristati k ra zlogus
n[j]ihovim naukom.

Letter 78
Split, June 11, 1682[113]

The <u>emin</u> of Split to friar Grgur.

The <u>emin</u> is informing Grgur that some teamsters were attacked when they returned from Split to Banjaluka. The <u>emin</u> is afraid that the trade might suffer should teamsters be attacked again, because merchants do not transfer merchandise from place to place, but teamsters do.

A courier who came from Sarajevo informed the <u>emin</u> that the sultan, the vizier and the whole army are on their way to Belgrad to winter.

<u>U</u> ime Boga. <u>P</u>oštovanomu g[ospodi]nu fra G(i)rguru   1.
lipo i l[j]ubeznivo <u>p</u>ozdravl[j]en[j]e.

A za tim, samo Vam pišemo <u>k</u>ako smo, fala Bogu, lipo,
zdravo i mirno. Imamo <u>k</u>arag galijaci, i u Sarajevu, fala   5.
Bogu, robe <u>i</u>ma dosta, ali je pomalo kiričija. Onomad<u>n</u>e
dodje, kada   i Vi ovdi bijahte, od Ban[j]e Lu<u>k</u>e nikoliko
tovara koža. Kako se vratiše <u>n</u>atrag, dočekaše ji[h] više
samoga Klisa i udri<u>š</u>e na rečene kiričije, raniše jednoga   10.
puškom <u>k</u>roz sridu, i po ramenu sabl[j]om. I uzeše jim
kon[j]a <u>k</u>ojega kon[j]a uk(i)rca Tomašić sa alašami i
<u>p</u>ovede u Pulu. I govoriše mu carinici da <u>n</u>e vodi kon[j]a
u Pulu. I uk(i)rca ga po mraku i pove<u>d</u>e. I još vele kako   15.
ćemo učiniti da ova skala <u>v</u>(i)rlo išle[n]iše. Ne mogu
t(i)rgovci robu na vra<u>t</u>u nositi, nego kiričije, a kiričije
kako će <u>k</u>ad ovako čine od n[j]i[h]. A ovoga je kon[j]a
kupijo <u>T</u>omašić od Čolića s Klisa komu je i ovdi u
Zag<u>r</u>adju, viri, radi lupežćine kuća raskopana. <u>A</u>li Te molim   20.
nemoj ništo govoriti g[ospodi]nu čene<u>r</u>alu.

Dodje kuril juče iz Sarajeva. Car idje i vezir i sva vojska u
Bijograd na kišlak. I dodjoše <u>u</u>laci u Livno, popisaše topove i
prah i balote, <u>i</u> u Ban[j]oj Luci i u   25.
Kninu. Samo, da Bog da, da na dobro. <u>A</u>li isto da mi si
zdravo.

<u>J</u>a emin, zuna na [jedanaestoga], u Splitu.

---

[113] HAZD Filza 67-56.

Letter 81
1669-1682[114]

Mehmed beg Atlagić, the captain of Knin, to the general of Dalmatia and Albania.

Mehmed asks the general to return a young girl serf who was given to Mustafa pasha Yamali as a hostage for the tribute he was not able to collect. The girl was lured away and taken to Omig by a slave from Poland.

1.

Od mene MeAtlagića, kapitana kninskoga,
Vama uzvi[šenomu] i pleme[nitomu] dobro Božje, svake hvale

i časti dostoj[nomu] gos[podinu], gos[podinu] prisvitlomu
zeneralu od Dalmaci[j]e i Albani[je] veledrago i ljubeznivo   5.
pozd[ravljenje] kakono ufanu gos[podinu] i pri[j]atelju.

A sada svitli i čestiti gos[podine] zeneralu. Dojde
nan kn[j]iga od svitloga Mustaj paše Jamali[j]e, da bismo
Vašemu gospostv[u] pisali kn[j]igu i molili Vaše gospostvo:
kada Mustaj paša na Ud(d)varu bi[j]aše kupeći careve harače, 10.
dva sela dadoše nikoliko dice u tališć(i)e za tri tovara
jaspri careva blaga i harača. A sada jedno malovridno
robče od Poloni[j]e odmami ovu divojku koja je u tališć[i]u   15.
ostavlj[i]ena za carev harač, a careva je raja, robinja
ni[j]e, a sužnjica ni[j]e, a momče robče jest iz Poloni[j]e.

A sada molimo Vaše uzvi[šeno] gos[podstvo], ci č(i)a naše ljubavi
i Mustaj pašine ljubavi, da biste nan to dvoje dice,   20.
divojčicu carevu kmet(t)icu i to robče, poslali. Ako li i
nećete nan robče poslati, a Vi divojku carevu kmeticu
pošljite, jere je čestiti car i princip mir učinio, a Vaše
go[spodstvo] znade da Mustaj paša može na careva vrata od
baila iskati, ali ni[j]e tio, već (je) Vaše gospostvo moli.   25.

---

[114]This letter was written in Latin alphabet not in Bosančica alphabet. It has one seal and one signature. HAZD Filza 84-44.

I̲ Vi ć(i)ete (i Vi ćete) nauzdano opet(t)a zapoviditi što
bude Vama o̲d potribe da Vas ima dugo služiti, i zato Vas
vel(l)e d̲rago molimo neka me[dj]u vama lipo pri[j]ate[lj]stvo
o̲staje. Da je dvadesetero robja za to ne bismo V̲an nikada   30.
spomenuli, ni glave razbi[j]al(l)i j̲ere anzak postavljeno
je dite u zalogu. M̲učno je ostaloj carevoj raji zevap
dati n̲e budući pejno na sridi.
      Ne drugo, vele V̲as drago molimo za tu dici. Pošljite
nan i̲ podpišite Vaš(a) milosrd(j)an mandat gospod[inu]   35.
providuru od Almisa da bi prida o̲vu dicu momu kon[j]iku
Ša[h]inu Mustafi k̲oji ovu kn[j]igu Vašemu go[ospodstvu]
nosi.

      P̲isata u Hlivnù.

      J̲a Mehmed beg, kapitan k̲ninski, čini pisat(t)i.   40.
      A̲ ovo se robče i ova divojčica, c̲areva kmetica,
nahodi u gradu O̲misu. aliti, Almisa.

Letter 51
November 1675-January 1678[115]

Ali beg Kalunferhatović to the governor Girolimo Grimani.

Ali beg calls the governor a partner of brigands because the governor, as Ali believes, let Vukčević snatch Ali's horse and does not do anything about it.

U ime Boga. Od nas glospodilna Ali bega, kapitana   1.
udvinskoga i zapovidnika ličkoga i krba[v]skoga.
Plemenitomu, izabranomu i svake hvale dostojnomu   5.
 g[ospodin]u jeneralu Jerolimu kako gospodinu grofu.

A po tom toga, razumismo što nam pišete kroz ajduke,
istoga Vučetu Vukčevića, k[o]roz n[j]egovo što mu su
uzeli naši l[j]udi, da mu povratimo. Istinajebog, jesu   10.
ga naši l[j]udi ufatili u lupeštini istoga Pavla Vukčevića.

Ne znamo jesu li mù što uzeli, nego se hoće osvidočiti
i Turči i krišćani. Imamo zafaliti na takomu sudu zato je
dosad Vu[k]čević uzeo osam volova i dvoje, kon[j]a i dvi   15.
puške. Oni budùći ajduči a V[aša] m[ilost] od n[j]ih

gospodari, taka se nevira čineći na miru čarevu i prinčipovu,
to neće gospoda pravo viriti. Fala Bogu velikomu, kon[j]a   20.
istoga, koga nami oteše ajduči, sada je pri Vami. To je   nami
milo. A što nam pišete kroz Juru Renešića, mi jesmon[j]egov dug
platili podpuno. Ako li nije, neka ulize
n[j]egov strič vojvoda Todor u Svetoga Šimu, štogod dušom   25.
podnese duga hoćemo udil platiti.   I da ste zdravo!

Isti ajduci koji nas razbiše i oteše blago čarevo,   sada
čujemo, kako pišete, da je kon[j] u Vaši ruku. Da
Vi niste ajd[u]čki ortači (ne bi se) ne biste našega   30.
Kon[j]a d(i)rzali, a da ga i pošal[j]ete, mi ga uzeti nesmidemo od
našega g[ospodi]na čara, jere smo te stvari
čaru uznanili. A Vi Kotar guvernajte kako znate s
hajduči. Zašto nisu višn[j]a gospoda òrdin učinili da   35.

---

[115] One seal, one sign. HAZD Filza 84-86.

se to čini brezakon[j]e'. A mi jesmo želili kn[j]ig[e] ovake da nam
u ruke dodje, a sada je imamo. Što se god speri   na   Kotaru   od
Vas će biti, Zašto Vi ne d(i)ržite čara za
čara, nego činite s hajduči vagu i dajete jim dopu[s]tak   40.
da čine neviru. Hoćemo i mi kako [z]nali budemo.

Letter 54
August 1677[116]

Mehmed beg Atlagić, the captain of Knin, to the governor Girolimo Grimani.

Mehmed received a letter from the governor in which he asks Mehmed to stop bloodshed in Krajina until the governor comes back from Kotor. Even before the arrival of the governor letter, as soon as he heard what happened in Podgorje, Mehmed went through Krajina to pacify it.

U.

Od nas g[ospodi]na Mehmed bega Atlagića, kapitana   1.
kninskoga, u svem veleuzvišenomu, izabranomu i [s]vake
plemenite časti i gosposke dike dostojnomu g[ospodi]n[u]   5.
Erolimu Grimancu, kavalieru, oroviduru i zeneralu o[d]
    Dalmancije i Arbanije vele drago i l[j]ubeznivo
    Pozdravl[j]enje kako g[ospodi]n[u] i prijàtel[j]u.
    Posli toga, dodje nam plemeniti list od Vašega   10.
g[ospodstva] u komu pišete što se je zgodilo u Podgorju   od
Vaših zločinacah Ličanom. Prija Vašega plemenitoga   lista,
kako smo stvari razumili i čusmo da se Krajina kupi
da čine osvetu, tako smo udil pošli na pute Krajini da jim   15.
govorim, na čestitoga i svitloga čara miru, da ne čine u   Krajini
smetn[j]e ni grdavi. Ma li i Vaše g[ospodst]vo
val[j]a da dobavite te Vaše zločince da jim onu pravdu   20.
učinite koju miritaju, da drugi se ima òsvistiti i pošteno   uzdržati
čestitoga cara i principa mir. A mi kolikogodi[117]
vridni budemo toliko ćemo uzdržati radit Krajinu, zašto   25.
smo kako Bog zna i Krajina i za rata pošteno čestitoga   cara
zapovid uzdržali, a kakb je mir zapovidijo
č[e]stitomu se caru poklonivši mir uzd[r]žimo. Ma li i
Vaše g[ospodst]vo val[j]a da tu stvar lipo procidite. Tko   30.
bude učinijo zlo, neka mu zlo i dodje od take gospode.

---

116 HAZD Filza 84-25.
117 Manuscript: kolokodi

I neka je priporùčen naš Omer aga <u>k</u>oga smo namistili
na carinu i naši ostali <u>s</u>iromasi, a mi ć[e]mo što Vi
nami zapovidite <u>p</u>oslušaćemo što vridni budemo.   35.

I da smo zdravo mi i Vi!

Letter 76
January or February 1682
An informer to the count of Novigrad.[118]

The informer describes to the count of Novigrad the effect of cholera which broke out in Lika and asks the count to inform the governor of Dalmatia and Albania about his writing.

U ime Boga. Neka z(a)na Vaše geospodstlvo dojdosmo   1.
doma u pasani ponedil. Cjlak, kako Vam bihmo i rekli, i
najdosmo g(a)las od G(a)račaca. Vidismo da je malo uleglo
kako smo se sa[s]tajali, nije pošla nego jedna žena. Ali   5.
čusmò g(u)rub g(a)las u Lici i platismo jednoga čovika da
nam d[o]nese p(a)ravi g(a)las. I podje u isti ponedil[j]ak
u koji mi dodjosmo doma. I dodje u ovi petak pasani.   10.
Odovud d(a)va d(i)ni, a odonud d(a)va d(i)ni pasala pokle
dodje, ne more p(i)ri ni biti, jere je podaleko, a hodio
je tajan u Perušić. Ali odonud virnuvši se malo ga nije
umorilo v(i)rime u planini i ozeble mu noge k(u)rutò.   15.

Kaže p(a)ravim haberom. U Vrebcu buknulo u osam kuća,
 pošlo oko d(a)vajest i petero čel[j]adi; u Perušiću bilo
u jednoj kući, pošlo d(o)voje dice još davno pake se
potajilo i bihu rekli da ne bi to od te bolesti, i mi Vam   20.
bihmo tako kazali. Ali s(o)kočilo opet u onoj kući o ovoj
mini i obamirla s(a)va ona kuća, a u ostalih s(i)vih
z(a) d(r)avo. I što ùslasmo tamo kasno list, čekasmo ta[j]
g(a)las od Like. U koji dan dojdosmo kući u oni dan   25.
opravismo čovika u Liku i dospi u petak kasno i mi
opravi smo list u subotu rano. S(i) tim da ste z(a) d(a)ravo!

A neka z(a)nate, ne more (se) sada ni od G(a)račaca
dospivati t(e)rći dan g(a)las, zašto su se l[j]udi
ražbižali u dalekò, ni su na jednom mistu, pokle čovik   30.
dodje da uzme p(a)ravi g(a)las, nego su pogli na deset
s(a)t(a)rana po planinah, a u daleko. A i oni se jedni
z(u) d(u)ruzim ne rače sastajati, Jednih ima oGrabu,

---

[118] HAZD Filza 123-41.

i o Vučjaku, a jednih ima o Vracih i Boričičkoj gori   35.
s(u)vud, a j[e]dni u Kokorini, a jedni o onih p(a)laninah
iznad g(a)rada Oresniku, a jedni'o Gubavča Pol[j]u.

T(o)ko hoće doniti p(a)ravi g(a)las pošavši s(u)vud tuda,
a pristupajući polagahno, zašto se s(a)vak sebi boji, i   40.
razpitivaju'i pod mudro, jedva more dospiti tud s(u)vud
poći u dva d(i)ni, da sve hodi da ne stane. A jedan dan
p(i)riko p(a)lanine odovuda, a jedan odonud, opet dok podje

g(a)las u Novi, iz Novoga tamo, s(a)vakojako pasiva pet   45.
šest dana. Da se nami nikakov uzrok ne dogodi, ne more
biti p(i)ri. I zašto Vas tako havizan i Vi tako havizajte
g[ospodi]na velikoga, zašto je n[j]ihova misal vele

uzvišena i vele p(e)lemenita, da jim volejla ne ostane u   50.
ridko dohodeći g(a)lasi, a Bog z(a)nade kako bismo mi radi
da budemo ugodili s(a)vakim dobrim dilom nejlegovoj
s(i)v[i]tlosti, jere se i mi uhfamo do svake potribe u
[j]egovu s(i)vitlost dokle smo koli na ovoj K(a)ra[j]ini u   55.
konšiluku.
          I nemojte mi s(a)lati nikakova lista ni odgovora, nego
Ivica Baždarić i o ovoj s(i)ridi neka se nadje ovde kojims(o)vojim
poslom, a ne g[ospodski]m, po n[j]em ćemo pisati
š(o)to bude potriba i govoriti na usta. S(a)vako dobro   60.
iz g[ospodi]na velikoga usta u Vaša, iz Vaših u Ivicina,
ne u druga ničija, iz Ivicinih u moja. Lista potriba nije
nigdar.
A za ono jedno dirvo da dodje amo, kako smo govorili,   65.
činite s(a)vakojako p(i)ri geospodilnu i havizajte ga nek
onako bude, ali [j]eda b'i u vrime s(i) tim dospitkom.

Ne zamirite jere je list b(e)rez muhura. Ne prigodi   70.
se. Kad se koli muhur ne prigodi nije ga ni potriba. To
je si[g]nal na kraju od našega lista. Z(a)najte dobro,
vazda kadkoli bude ta[j] si[g]nal, list je naš, ako li ne
bude, nije od nas. Tako z(a)najte vazda.

          I da ste z(a)dravo!   75.

Bibliography

Articles on Seid ef. Kadia Karić

Seid Karić obituary (1985). Bloomington, Indiana newspaper.[119]

Balić, Smail (1985). "Obituary of Seid Kadia ef. Karić."[120]

Burbach, Sylvia (1985). Memorial Resolution – Seid Karić (1916-1985). Prepared by Sylvia Burbach, Assistant Head, Cataloguing Department, University Libraries, Indiana University Bloomington Circular B23-86. Commemorated by the Bloomington Faculty Council: December 3, 1985.

Kadić, Ante "Seid Karić (Bloomington, Indiana, 13 March 1985)." *Hrvatska revija.* 35 (1985) 2. Nekrolozi. – 385.

MELA Notes 35, Spring 1985, "Obituaries," page 27.

Zulfić, Muharem (1985). "Merhum Seid ef. Karić."[121]

Seid Karić bibliography:
Articles, booklets, and portions of texts

Karić, Seid ef. *Sevdalinka (Bosnian Folk Songs).*

Kadić, Ante (1978). *Domovinska rijec: knjizevno-povijesni ogledi.* Munchen-Barcelona: Knjiznica Hrvatske revije.[122]

---

[119] Photocopy with no date or place of publication.

[120] Photocopy with no date or place of publication.

[121] This biographic sketch is from a forthcoming collection of Bosnian-American obituaries and biographic sketches entitled *Merhum (Remembrance of Those Who Have Passed)* by Muharem Zulfić.

[122] A bibliography of Ante Kadić's writings compiled by Seid Karić is found on pages 317-326.

Karić, Seid (1939-1940). "Šta drugi pišu, *El-Hidaje*, Vol. III, issue 10-11, pages 140-141.

Karić, Seid (January 28, 1954). "Jedna Značajna Hrvatska Publikacija," *Američkom Hrvatskom Glasniku,* page 6.

Karić, Seid (October 4, 1954). "Nova Kniga Dra Smaila Balića," *Američkom Hrvatskom Glasniku,* page 4.

Karić, Seid ef. (1957). *Otvorenje Dzamije i Skole Muslimanskog Kulturnog Doma u Chicago, Chicago:* Muslim Religious and Cultural Home.

Karić, Seid ef. (1958). "Poslava Kurban Bajrama u subotu dne 28. Juna 1958." *Glasnik Muslimanskog Verskog i Kulturnog Doma* Vol. I, No. 2, (March-April 1958): 6.

Karić, Seid ef. (1958). *"U nas savtko radi!" Glasnik Muslimanskog Verskog i Kulturnog Doma* Vol. I, No. 2, (March-April 1958): 6-7.

Karić, Seid ef. (1958). "Bajram, veselje za Djecu!" *Glasnik Muslimanskog Verskog i Kulturnog Doma* Vol. I, No. 2, (March-April 1958): 7.

Karić, Seid ef. (1958). "Popis darovatelja za groblje Muslimana u Klagenfurtu, Austrija." *Glasnik Muslimanskog Verskog i Kulturnog Doma* Vol. I, No. 2, (March-April 1958): 7-8.

Karić, Seid ef. (1958). *"Svršetak predavanja u mektebu." Glasnik Muslimanskog Verskog i Kulturnog Doma* Vol. I, No. 2, (March-April 1958): 8.

Karić, Seid ef. (1958). "Trojica Članova Su Postali Utemeljitelji Doma." Glasnik Muslimanskog Verskog i Kulturnog Doma Vol. I, No. 2, (March-April 1958): 12.

Karić, Seid ef. (1958). "Trojica članova su postali utemeljitelji doma." *Glasnik Muslimanskog*

Verskog i Kulturnog Doma Vol. I, No. 2, (March-April 1958): 12.

Karić, Seid ef. (1958). "Nekoliko biječi na razmišljanje." *Glasnik Muslimanskog Verskog i Kulturnog Doma* Vol. I, No. 3 (May-June 1958): 2.

Karić, Seid ef. (1958). "Alkohol." *Glasnik Muslimanskog Verskog i Kulturnog Doma* Vol. I, No. 4 (July-August 1958): 1. This is an unsigned article and seems to be a translation, possibly from English.

Karić, Seid ef. (1958). "Tvoja prava ako si zatvoren." *Glasnik Muslimanskog Verskog i Kulturnog Doma* Vol. I, No. 4 (July-August 1958): 2-3.

Karić, Seid ef. (1958). "Islamske Kalender." *Glasnik Muslimanskog Verskog i Kulturnog Doma* Vol. I, No. 4 (July-August 1958): 3.

Karić, Seid ef. (1958). "Iz uredništva." *Glasnik Muslimanskog Verskog i Kulturnog Doma* Vol. I, No. 6 (November-December 1958): 7.

Karić, Seid ef. (1960). "Naša Rijeć Uz Ovaj Broj" (Our Words with This Issue), *Glasnik Muslimanskog Verskog i Kulturnog Doma* Vol. III, No. 1, (Jan. - Feb. 1960): 1-2.

Karić, Seid ef. (1960). "Rahmetli Hama Arnautović," *Glasnik Muslimanskog Verskog i Kulturnog Doma* Vol. III, No. 1: 5-6.

Karić, Seid ef. (1985). *Sixteenth and Seventeenth Century Ottoman & Venetian Diplomatic Correspondence Written in Bosančica Script.* Unpublished Dissertation – University of Indiana, Bloomington. 203 pages, plus photocopies of 78 multi-paged letters in *Bosančica* Script.

Materials referenced by Seid ef. Kadia Karić

Archives

Archivio di Stato Venezia. Provveditori Generali di Dalmazia e Albania, numero 504, 505.

Historijski arhiv u Zadru, Filza 9.

Books and articles

Bašeskija, Mula Mustafa Ševki, & Mehmed Mujezinović, (1968). "Veselin Plaslega," Sarajevo. Written in Turkish by Bašeskija with a translation and commentary into Bosnian by Mujezinović.

Christian Alphonsus Van den Berk, (1966). "Eine Variante der Bosančica" in *Orbis scriptus Dmitrij Tschizevskij zum 70. Geburtstag*, München, Wilhelm Fink Verlag, 95.

Hamm, Josip. "Glagoljica," *Enciklopedija Jugoslavije*, III, 462. St. Karadžić, Vuk (1857). *Primjeri srpsko-hrvatskog jezika*, Beć.

Kolendić, Petar M. (1904). "Bosančica, 'bosansko-- hrvatska ćirilica' i Dubrovnik," *Bosanska Vila*, XIX-XX, 349-351.

Ljubić, Š. (1878). "Rukoviet jugoslavenskih listina. B. Turskomletačke listine," *Starine Jugoslavenske Akademije znanosti i Umjetnosti*, X, 7-21.

Mažuranić, Matija (1842). *Pogled u Bosnu, Ili kratak put u onu krajinu, učijen 1839-40*, Zagrebu. Translated from Turkish with commentary into Bosnian by Dra. Ljudevita Gaja.

Miklošić, Fr. ed., (1858). *Monumenta Serbica Spectancia Historiam Serbiae, Bosniae, Ragusii*, Viennae: Apud Guilelmum Braumüller.

Mošin, Vladimir (1955). Čirilski rukopisi

Jugoslavenske akademije, Zagreb: Jugoslavenska akademija znanosti i umjetnosti.

Omrčanin, Ivo, ed., "A sixteenth century document in Bosančica," *Journal of Croatian Studies*, 1970-1971, XI-XII, 160-161. A letter of Ghazi Husrev Beg.

Rački, Fr. (1879). "Dopisi izmedju krajiških, turskih i hrvatskih častnika," *Starine Jugoslavenske akademije znanosti i umjetnosti*, XI, 76-152, 1880, XII, 1-41.

Raukar, Tomislav (1973). "O problemu bosančice u našoj historiografiji," in *Simpozijum Srednjovjekovna Bosna i evropska kultura*. Zenica: Muzej grada Zenice.

Rešetar, Milan & Sr. Karlovći (1926). *Libro od mnozijeh razloga: Dubrovački zbornik od god. 1520*, Srpskoj manastirskoj štampariji.

Rešetar, Milan (1933). *Dubrovački zbornik od god, 1520*, Beograd.

Solovjev, Dr. Aleksandr (1940). *Bogišićeva Zbirka Omiškíh isprava XVI-XVII veka*, Beograd.

Tentor, Mate "Bosančica." (1942). in Krunoslav Draganović [et al], *Poviest hrvatskih zemalja Bosne i Hercegovine od najstarijih vremena do godine 1461*, Sarajevo: Izdalo Hrvatsko kulturno društvo Napredak." I, 825.

Tentor, Mate. "Bosančica," *Hrvatska Enciklopedija*, III, 97.

Truhelka, Ćiro, ed., (1911). "Tursko-slovjenski spomenici dubrovačke arhive," *Glasnik Zemaljskog Muzeja u Bosni i Hercegovini*, XXIII: 1-162, 303-305, 437-484.

Truhelka, Ćiro (1889). "Bosančica (Prinos bosanskoj paleografiji)," *Glasnik Zemaljskog Muzeja u Bosni i Hercegovini*, I: 4, 66.

Zelić-Bučan, Benedikta (1961). *Bosančica u Srednjoj Dalmaciji*, (Prilog 3. svesku Historijskog arhiva – Split), p. 24, table 1.